JN014040

新装版

# ネイティブも驚く英会話のコツ

音声DL付

あなたの実力を引き出す28のコミュニケーション方略

Communication Strategies

藤尾美佐 [著]

SANSHUSHA

●音声ダウンロード・ストリーミング ─────────

  1. PC・スマートフォンで本書の音声ページにアクセスします。
     https://www.sanshusha.co.jp/np/onsei/isbn/9784384059977/

  2. シリアルコード「05997」を入力。

  3. 音声ダウンロード・ストリーミングを
    ご利用いただけます。

●音声吹込み ─────────

  Karen Haedrich
  Rachel Walzer
  Jack Merluzzi
  Guy Perryman

「こんなに長く勉強しているのに、英語がまったく話せない」

そう思うことはありませんか？

単語もそこそこ知ってるし、基本的な文法も知っている。それなのに、まったくコミュニケーションができない。いったい、これはなぜなのでしょうか？

それは、語彙や文法などの言語能力を、実際のコミュニケーションの場面（文脈）の中で活用できる能力（方略的能力）が欠如しているからなのです。

方略的能力の中核をなすのは、**コミュニケーション方略（Communication Strategies）**を使いこなせる能力だと考えられています。

コミュニケーション方略は、わからない単語が出てきたとき、それをどのように表現するか（本書第2章）を中心に研究されてきましたが、私は、コミュニケーションの視点から研究分野をさらに広げ、聞き手としてうまく相手の話にあいづちを打ち、会話を発展させるにはどうすればいいか（第1章）、話し手として、どのようにうまく情報を伝えられるか（第3章）、相手の気持ちに配慮して会話を進めるにはどうすればいいか（第4章）、それぞれの場合に使われるコミュニケーション方略を研究してきました。

本書の最大の特徴は、これまでの多くの著書のように、場面ごとに役立つ英語表現を紹介するだけでなく、「**コミュニケーショ**

ンとは何か」という発想に基づいて、確固たるコミュニケーション理論に依拠し（Collaborative theory; Wilkes-Gibbs, D., 1997）、対話者双方がどのように会話を作り上げていくか、ご紹介している点にあります。ノンネイティブ（非母語話者）という枠組みを超えて、「いいコミュニケーターとは何か」をいっしょに考えていく著書なのです。

　本書は、これから英語を習得したいという方にも、現在ある程度英語を使っていて、何らかの課題に直面されている方にも、最適な本と言えます。第1章では、聞き手としての立場から、第2章から第4章では、話し手としての立場から、コミュニケーション方略を説明しています。日常会話を楽しみたい読者の皆さんは、1章〜4章を、仕事で英語を使用されている場合や、さらに英語をブラッシュアップしたい場合は、1章〜4章に加え、さらに5章において、じっくりと力をつけていただける構成になっています。

　新装版の刊行にあたり、本書の例文・会話例の音声を用意しました。ダウンロードならびにストリーミング再生でご利用いただけます。この1冊を読破して、コミュニケーション方略を理解するとともに、音声を利用して実際に聞き・話す練習にもチャレンジしてみてください。本書を通じて、ネイティブ（母語話者）以上の会話上手を目指しましょう。

　2021年5月

　　　　　　　　　　　　　　　　　　　　　　　藤尾美佐

# 目　次

# 第2章　困ったときはこう切り抜けよう！　43

編集協力： 株式会社タイムアンドスペース
装丁： やぶはなあきお
DTP： Kスタジオ（澤井慶子）

# 第1章

# 聞き上手になろう！

　以前、外資系企業に勤めていたころ、アメリカ人の上司がアシスタントの日本人女性のことを、「彼女はいったい何者なんだ！」と怒っていたことがあります。彼女が、その上司の質問に一切答えず、ただずっと笑っていたからです（実は英語がわからなかっただけなのですが）。彼女に限らずわれわれは、せめて笑顔だけでもと考えがちですが、「わからない」と聞き返すこともなく、またあいづちなどの「反応」もまったくない相手というのは、話し手からすると、話し甲斐がないばかりか、時に恐怖感すら抱きかねません。

　ネイティブと話をする場合は、言語力の差から、われわれは聞き手になりがちですが、相手の話を聞いているときも、効果的なあいづちを打ち、相手に質問を投げかけ、相手の話に積極的に興味を示すことによって、会話を展開させていくことができるのです。

　このように、相手の話をうまく引き出し、感情移入しながら聞くことのできる人を「アクティブ・リスナー」と呼びます。この章では、聞き上手なアクティブ・リスナーになるにはどうすればいいのか、わかりやすくご紹介しましょう。

# ピンポイントで聞き返そう

●「疑問詞＋ did you say?」で聞き返す

あなたは、相手の話が聞き取れなかったとき、Excuse me? や Pardon? と言っていませんか？　もちろんこう言えば、相手は繰り返してくれるでしょう。でも、話のどこがわからなかったのか相手には伝わないため、ただ繰り返してくれるだけになりがちです。その結果、また同じ所がわからないという状態になるのです。

では、相手の話を聞き逃したとき、または情報が部分的に聞き取れなかったとき、どのように言えばいいでしょうか？

例を考えてみましょう。

同僚のアリーがこう話しかけてきました。

> アリー：I'm going to Hokkaido with my aunt the day after tomorrow.
>
> あさって、おばと一緒に北海道へ行くの。

あなたは、「アリーがだれかとどこかへ行く」と話していることまではわかったのですが、「どこへ」行くのか、「だれ」と行くのか、また「いつ」なのかしっかりと聞き取れませんでした。このような場合、どう聞き返すのが一番効果的でしょうか？

そう、聞きたい部分の疑問詞（where, who, when など）をまず文頭に出し、そのあとに Did you say? を付ければいいので

す。それぞれ、次のようになります。

　　　・"Hokkaido" が聞き取れなかった場合
　　　　⇒**Where** did you say?　どこって、言ったの?
　　　・"my aunt" が聞き取れなかった場合
　　　　⇒**Who** did you say?　だれって、言ったの?
　　　・"the day after tomorrow" が聞き取れなかった場合
　　　　⇒**When** did you say?　いつって、言ったの?

　このように聞き返せば、アリーは即座に、Hokkaido（北海道よ）とか、my aunt（おばよ）とか、the day after tomorrow（あさってよ）などと答えてくれるでしょう。

　簡単ですね。なぜこんなにうまく行くのでしょうか? それは、会話では、お互いに協力しながら、最も効率よく話を進めて行くという「法則」があるからなのです（章末のコラム①参照）。

● 疑問詞をあてはめよう

　聞き返すときのもう1つの簡単な方法として、聞き取れた情報を繰り返し、わからなかった部分に疑問詞をあてはめるという方法があります。

　まず I'm going は、あなたから見れば You となるので You're going とおいて、それぞれわからない部分に疑問詞をあてはめます。

You're going where?（「どこ」が聞き取れなかった場合）
You're going with who?（「だれ」が聞き取れなかった場合）
You're going when?（「いつ」が聞き取れなかった場合）

　なお、「だれ」が聞き取れなかった場合、本来は with whom が正しいのですが、会話では whom をほとんど使わず、代わりに who となるため、You're going with who? となります。

　これらはかなりくだけた言い回しにはなりますが、聞き取れた部分をそのまま繰り返し、あとから疑問詞を付け足せばいいので、聞き返すときの便利な方法です。

　このように、わからない情報を疑問詞に変えて、あとにdid you say? を付ける方法、また、聞き取れた情報を繰り返して、わからない部分を疑問詞に変える方法で、簡単に質問することができるのです。

**練習問題** ·········································································· **02**

　次の英文で、下線部を聞き逃した場合、何と言って聞き返せばよいでしょうか？

Could you send the letter by <u>Friday</u>?
その手紙を<u>金曜日</u>までに送っていただけますか？

·····················································································

【解答例】 When did you say?

## 2

# 正しい方を相手に選択させる

🎧03

　相手の言ったことがわからなくて聞き返す場合、どこがわからないのかを明確に示すことがとても重要です。ここでは、相手にわかりやすく伝えるために、2つの情報を対比させて、正しい方を相手に選択させる方法を考えてみましょう。特に、発音が紛らわしい語、聞き間違えやすい語を確認するときに、役に立ちます。

## ● Did you say A or B? と聞き返す

　海外旅行先で、店員さんに値段を聞いたとき、聞き取れないことがあります。次の例の場合、あなたはどう聞き返しますか？

---

あなた：How much?　　おいくらですか？

店員：　Fifteen dollars.　　15ドルです。

---

　このとき、fifteen の最後の部分が聞き取りにくく、あなたには fifteen だったのか、fifty だったのかがわからなかったとします。もちろん、15ドルか50ドルかは、大きな問題です。ここで、あなたが Pardon? とか Excuse me? と聞き返すと、店員さんはただ Fifteen dollars. と繰り返すでしょう。そして、また同じように聞き取れないという可能性が残ります。そこで、次のように聞き返したらどうでしょうか？

あなた： Did you say fifty or fifteen?
50とおっしゃいましたか、それとも15ですか？

こう言えば、店員さんは、Fifteen. と語尾を強調して答えてくれるので、15ドルであることが確認できます。このように、Did you say A or B? と聞き返す方法は、特に13と30、14と40、15と50など、聞き間違えやすい数字を確認するときに役立ちます。

### ● 2つの情報を対比させて確認する

情報を対比させ選択する方法は、発音が紛らわしい場合だけでなく、状況から2つの場合が考えられるときにも役立ちます。

たとえば、時間に関する場合です。あなたが旅行会社で飛行機の予約をしていたときに相手がこう言いました。

担当者： The only flight you can book leaves here at six.
唯一予約できるフライトはこちら6時発ですね。

あなた： Six a.m. or p.m.?
朝の6時ですか、夕方の6時ですか？

担当者： Six a.m.
朝の6時です。

こう言うことによって、あなたは、早朝のフライトなのか、夕方なのか、しっかり確認できますね。

このような例はビジネスの場面でもよくあります。たとえば、海外の企業と電話会議をする場合、それが早朝なのか、それとも夕方なのか、またこちらの時間なのか、相手方の時間なのかを確認する必要があります。

---

相手：　OK. So, shall we set up the next meeting, say, Thursday, 6:30?
　　　　では、次の会議を設定しましょう。そうですね、木曜の6時半はいかがでしょう？

あなた：Six thirty, your time or our time?
　　　　6時半、そちらの時間ですか、こちらの時間ですか？

相手：　Six thirty a.m., your time.
　　　　そちらの時間の早朝6時半です。

---

　この例では、your time と our time を比較することで、どちらの時間なのか確認しています。それに気付いて、相手も、「そちらの時間の早朝6時半です」と情報を付け加え、互いにしっかりと確認していますね。

　このように、2つの情報を対比させ、違いを強調することで、聞き取れない部分を明確にし、あいまいな情報を正確に把握することができるようになります。

**練習問題**

あなたは電話で訪問先の場所を確認していますが、ビルの何階かが聞き取れませんでした。さて、どのように聞き返せばよいでしょうか？

相手： Our office is on the <u>thirteenth</u> floor.

あなた： Did you say （　A　） or （　B　） ?

相手： Thirteenth.

【解答例】 (A) thirteenth (B) thirtieth

# 3

## 上手なあいづちの打ち方

　ここからは、相手の話にうまくあいづちを打って、積極的に会話を盛り上げていく、そんな方法を考えていきましょう。

● Did you? で「そうなんですか？」

　ネイティブ・スピーカーと話をしていると、よくあいづちを打ってくれます。次の例では、リサはどのようなあいづちを使っているでしょうか？

---

リサ：　How was your weekend?
　　　　週末はいかがでしたか？

ヨウコ：I saw a movie.
　　　　映画を観ました。

リサ：　Did you? What movie did you see?
　　　　そうなんですか？　何の映画を観たのですか？

---

　ここでは、ヨウコの返事に対して、リサが Did you? と応じています。これは、「そうなんですか？」と理解と興味を示すもので、saw（一般動詞の過去形）を助動詞 did に変えて、主語の you と倒置させている形です。

　こういう場面では、日本人の反応としては、とかく Really? とか Yes に限られがちですが、ネイティブ・スピーカーは、このよう

19

に、主語と (助)動詞の位置を入れ替える倒置表現をよく使います。

　もう1つ例を見てみましょう。今度は現在形を使った例です。

---

ヨウコ： On Sundays I usually go shopping.
　　　　日曜日は、たいてい買い物に行くんです。

リサ： Do you? Me, too.
　　　　そうなんですか？　私もです。

---

　「日曜日は、たいてい」という繰り返し行われている習慣を説明しているので、動詞は現在形を使います。ここでリサは、ヨウコの使った go（一般動詞の現在形）を助動詞 do に変えて、主語 you と倒置させ、Do you?（そうなんですか？）と、相手の話題に興味を示しています。そして、Me, too. と付け加えて、自分も同じであることを示しています。

　では、主語が you 以外の場合はどうなるでしょうか？

---

ヨウコ： On Sundays my husband usually makes dinner.
　　　　日曜日はたいてい、夫が夕食の用意をしてくれるんです。

リサ： Does he? I envy you!
　　　　そうなんですか？　うらやましいですね。

---

　ここでは、使われている動詞は makes で、現在形ですが、主語が my husband という3人称の単数形なので、使われる助動詞はdoではなくてdoesとなり、そのあとに、my husband を受ける代名詞 he が続きます。

さらに、be動詞の場合は、そのbe動詞はそのまま使い、Are you? や Is he? などとなるわけですね。完了形の場合は Have you? となることにも注意しましょう。

## ● So do I. 「私もそうです」

もう1つ、倒置表現の重要な使い方をご紹介しましょう。上で取り上げた、倒置表現の前に So を付け加えることによって、「私もそうなのです」という意味を表すことができます。たとえば、先ほどの会話例は、次のように表現することもできるのです。

---

ヨウコ：　On Sundays I usually go shopping.
　　　　　日曜日は、たいてい買い物に行くんです。

リサ：　　So do I.
　　　　　私もそうなのです。

---

さきほど紹介した Me, too. はこの So do I. のくだけた表現です。

では、「私もそうではありません」という否定形の場合はどう表現すればいいのでしょうか？ その場合は、下の例のように、neither を文頭において、同様に倒置を行います。

---

リサ：　　I don't like horror movies.
　　　　　ホラー映画は好きではありません。

ヨウコ：　Neither do I.
　　　　　私も好きではありません。

---

　この Neither do I. のくだけた表現として、Me, neither. があり、時には Me, either. とも言います。

　このように、倒置表現を使いこなせるようになれば、表現の幅がぐんと広がりますね。

**練習問題** ･･････････････････････････････････････････････････････

　次の会話で、相手の言ったことに倒置を使ったあいづちを打ってみましょう。haveを用いた完了形を使っていることに注意してください。

相手：　　I have been to London.
　　　　　ロンドンに行ったことがあります。

あなた：　＿＿＿＿＿＿＿

【解答例】　Have you?

# 気持ちが伝わる形容詞を使おう

ネイティブ・スピーカーはよく、That's interesting. や、That's exciting. などと、盛んにコメントをして会話を盛り上げてくれます。それに比べて、自分はただ黙ってうなずいているだけと思うことはありませんか。でも実は、こうしたコメントの多くは、「**That's ＋形容詞**」という非常に簡単な構文なのです。それぞれの状況に合わせて使われる形容詞を覚えて、バリエーションを増やしていけば、聞き手としての表現の幅がぐっと広がることになります。ここでは、そうした表現を考えてみましょう。

● 「すごい！」と驚くには

次の例は、タカシが同僚のティムと夏休みの予定について話をしています。

> タカシ： Do you have any plans for summer
> vacation?
> この夏休みの予定はどうするんですか？
>
> ティム： I'm going to Australia and will stay
> there for two weeks.
> オーストラリアに行って、2週間過ごすつもりです。

ここで、ティムに対して、タカシは何と答えればよいでしょうか？

That's good. でしょうか？　それとも、That's great. や That's wonderful. でしょうか？　もちろん、これらに気持ちを込めて抑揚をつければ、十分に伝わりますが、「すごい！」と感嘆する気持ちをもっと伝えたいときには、次のような表現も使うことができます。

> That's **exciting**. ⇒ 「わくわくするような期待感」
> That's **fantastic**. ⇒ 「とびぬけてすばらしいという感じ」
> 　　　　**fabulous**. 　　が伝わります。

　また、この That's の is という be動詞の代わりに、sound（〜のように聞こえる）という動詞を使って、That sounds exciting. などと言うこともできます。

　ここで使っているThatは、相手の言ったことを受けるときに通常使われる代名詞ですが、相手の持ち物などを指してほめるときにも使えます。

　たとえば、相手が、「週末に買った」と言って、とてもきれいなアクセサリーを見せてくれたとします。もちろん、That's nice. でも、話し方によっては気持ちを伝えられますが、ちょっと平凡すぎますね。「本当にいいね」という気持ちを伝えたい場合は、どういう形容詞を使えばいいでしょうか？　お勧めは次のような表現です。

> That's **lovely**. ⇒ 特にイギリス英語で使われます。
> That's **gorgeous**. ⇒「高級感のある場合」にぴったりです。
> That's **awesome / amazing**. ⇒「飛び抜けて素晴らしい感じ」が伝わります。

ほかにも、「カッコいい」という感じを表すなら、That's cool. や That's stylish. などがあります。また、「エレガントで渋く、カッコいい」ときは、That's chic. という表現もあります。

## ● よくない話を聞いたときには

　それでは反対に、よくないことが起きたとき、何と言えばいいでしょうか？

　たとえば、こんな場面です。週明けに職場に行くと、友人のボブが手に包帯を巻いていました。

> あなた： Oh, what happened?
> 　　　　 どうしたの？
>
> ボブ： 　I broke my arm when I fell down.
> 　　　　 転んだときに腕の骨を折ってしまったよ。

　相手からよくないことを聞いたときは、That's too bad. や I'm sorry to hear that.（お気の毒に）というのが決まり文句ですが、ほかにも、ひどい状態に対しては、That's terrible. や That's awful. などの表現も使えます。

## ● 「怖い」気持ちを表現するには

　では、「怖い」「怖かった」という感情を表す場合はどうなるでしょうか？

> 相手：　I saw Black Swan last night.
> 　　　　ゆうべ、『ブラック・スワン』を見たの。
>
> あなた：　I saw it last week. It's really thrilling.
> 　　　　　私は先週、見ました。本当にゾクゾクする映画ですよね。

　ここでは、thrilling という形容詞を使って、「ぞくぞくするような、スリルのある」という感じを表現しています。ほかにも、「怖い、恐ろしい」という感じなら scary、「うす気味悪い」感じなら、spooky という形容詞もあります。

　また、この例では、形容詞の前に really という副詞を置くことによって、さらに意味を強調していますね。もちろん very を使ってもかまいません。反対に、a little や a bit を使って、「ちょっと」と程度を軽減して表現することもできます。

**練習問題** ·········································· 🎧08

　あなたは、怖い映画が好きな友人にビデオを貸してあげようとしています。空所を埋めて、「ちょっと気味悪いけど、スリル満点で、ぜひ見てみなよ」と言ってみましょう。

Why don't you watch this DVD? It's (　　　) (　　　)
(　　　) but (　　　) (　　　) and definitely worth watching.

········································································

【解答例】
It's ( a ) ( little/bit ) ( spooky/scary ) but ( very/really ) ( thrilling )

# 5

# 助動詞を使いこなしてニュアンスを伝えよう

**◀09▶**

　聞き手としての表現のバリエーションを増やし、さらに、あなたの微妙な感情をより正確に伝える方法として、ここでは、助動詞の使い方についてご紹介しましょう。

## ● 助動詞は「動詞」の働きを「助」ける

　助動詞とは、動詞の前に置いて、文字どおり、動詞の働きを助けたり、意味を添えたりするものです。

　前に取り上げた夏休みの予定の例で考えてみましょう。

> あなた： Do you have any plans for summer vacation?
> この夏休みの予定はどうするんですか？
>
> ティム： I'm going to Australia and will stay there for two weeks.
> オーストラリアに行って、2週間過ごすつもりです。

　前節では、That's exciting. や That sounds exciting. などの表現を取り上げましたが、同じこの場面で、助動詞 must を使って、That must be exciting. と表現することもできます。ここで使われる must は「～しなければならない」という義務・命令を表す意味だけでなく、「～に違いない」という（強い）推量

を表します。もう1つ例を見てみましょう。これは、あなたが、海外から長いフライトを終えたばかりの友人と話をしている場面です。

> あなた： How was your flight?
> フライトはどうでしたか？
>
> 相手： The flight was OK, but I couldn't sleep very well.
> フライトそのものはスムーズでしたが、あまりよく眠れませんでした。
>
> あなた： Oh, you must be very tired.
> では、とてもお疲れでしょうね。

　ここでは、must を使うことによって「きっとお疲れに違いない」「とてもお疲れでしょうね」と、相手の状態を推測し、思いやる表現にしています。

● 推量を表すさまざまな助動詞
　助動詞にはそれぞれ特有の意味があります。ここでは、相手の話に応えるときによく使われる「推量を表す助動詞」をいくつか紹介しましょう。

・must / should ⇒「〜のはずだ」（強い推量）
　例）It should be OK. 大丈夫なはずだ。
・will / would ⇒「〜だろう」
　例）It will be wonderful. すばらしいでしょうね。

・may ⇒「〜かもしれない」

例）It may be true. 本当かもしれません。

「〜だろう」を表す will と would を比較すると、will の方が確率の高い推量を表します。したがって、would は will よりは確率が低い場合や、まだ決定していない場合、また「そうなればいいでしょうね」というニュアンスを含む場合に使います。

たとえば、あなたがだれかからピクニックに誘われたとしましょう。

相手：　Why don't we go on a picnic this
　　　　weekend?
　　　　週末にピクニックに行かない？

あなた：That would be nice.
　　　　それはいいでしょうね。

相手：　Yeah, it will be.
　　　　きっと、いいと思います。

あなたの最初の答えは、まだ、ピクニックに行くということが決定していないので、would を使うほうがいいですね。そして、あなたの返答を受けて相手が答える場合は、行くことが前提になるので、will を使います。

ほかに、can も否定形で使われる場合、「〜するはずがない」と強い推量を表すことがあります。たとえば、こんな感じです。

相手： I heard that Tom failed the exam.
トムが試験に失敗したらしいよ。

あなた： It can't be.
そんなはずはないよ。

いろいろな助動詞の使い方を紹介しましたが、このように、助動詞を使いこなすことによって、さらに表現の幅を広げ、微妙なニュアンスも表現できるようになるのです。

ところで、これまでの例文で、That から始めている場合と It から始めている場合がありますが、一般的に、相手の言ったことを受ける場合は That、また事実や特定のものを指す場合は It になるのが普通です。

**練習問題** 🎧10

友人のカレンが、今度の休みに家族が日本に来ると言って喜んでいます。あなたはどう応えますか？ できるだけ多くの表現を考えてみましょう。

あなた： Do you have any plans for summer vacation?
夏休みの予定はどうするんですか？

カレン： My family is coming to Japan and we're visiting Kyoto.
家族が日本に来るので、一緒に京都に行くつもりです。

あなた： _____

【解答例】 That will be wonderful. / That will be exciting. など。

# 繰り返しで共感しよう

相手を理解し共感を示す方法として、ほかにも、相手の発言を繰り返すとか、別の言葉で要約するという方略もあります。これによって、相手は自分の発言が理解されていると確信できますね。いくつかの例を見てみましょう。

## ● 繰り返しの効果

相手の発言の一部を繰り返すという方略は、単に繰り返すだけなのですが、相手の発言を理解したことはもちろん、あなたがそのことに興味を持ったことも伝えることができます。次の例を見てください。

> 相手： I went to Kyoto this weekend.
> 週末に京都に行ったのです。
>
> あなた： Kyoto. That's a lovely place.
> 京都ですか。いいところですね。

この例を That's good. などの単なるあいづちを打つ場合と比べてみると、「京都」と繰り返すことにより、この情報に特に興味を持ったことを示すことができます。さらに、この例のように「いいところですね」と付け加えたり、あるいは、I envy you.（うらやましいです）などの表現を付け加えると、より強い共感を示すことができますね。

また、次節で詳しく取り上げますが、Where did you visit?（どこに行ったのですか?）などの質問をすることによっても、あなたの関心を示すことができます。

## ● 相手の発言を要約する

繰り返しの方法よりは難しくなりますが、たとえば、相手が込み入った話をしているときに、相手の発言を要約することによって、理解したことを示すことができます。

次の例は、大学生のミキが、初めて日本に来たジュディに、懐石料理の説明をしているところです。

---

ミキ： *Kaiseki* is a traditional Japanese cuisine. There are many dishes and they are uhm ... how can I put it ... served differently.

懐石というのは、日本の伝統的な料理です。たくさんの品数があり、うーん、何と言えばいいのでしょうか、違って給仕されます。

ジュディ： Yeah I know what you mean. *Kaiseki* is a multi-course meal and served in turn.

ええ、わかります。懐石はコース料理で、順番に出されるということですね。

ミキ： Yes, yes.

そうなのです。

---

ここでミキは、「懐石料理は一品一品給仕される」と言いたかったのですが、表現が思いつかずに served differently という、英語としてはちょっとおかしな表現をしてしまいました。でもジュディは、I know what you mean.（あなたの言いたいことはわかりますよ）と答えてくれて、そのあと、懐石の説明を自分のことばで言い換え、要約してくれました。これによって、ミキの言いたかったことがしっかり伝わったことがわかりますね。

　なお、この例で、ミキが、ことばが出てこないとき、how can I put it（何と言えばいいのでしょう？）という表現を使っていますが、このような「つなぎ語」については、第2章1で詳しく説明します。

　先の例では、ネイティブ・スピーカーのジュディが使っている例を紹介しましたが、われわれも意外と簡単に使うことができます。

　次の例を見てみましょう。同僚のリサとの会話です。

---

リサ：　Recently we've been extremely busy.
　　　　We're under-resourced, you know.
　　　　最近、とっても忙しいの。十分な人員がいないから。

あなた：You don't have enough staff?
　　　　スタッフの人数不足なの？

リサ：　Exactly.
　　　　そのとおり。

---

　この例では、リサの under-resourced というちょっと難しい単語を、You don't have enough staff? と、より簡単に、そして具体的に言い換えることにより、理解していることをさりげな

くアピールし、またお互いの共感も強めていますね。

● 相手の話を引き取る

ほかに、理解を示しながら、さらにその話題を発展させる方法として、相手の話を引き取って、自分で続けるという方略もあります。

次の例では、風の強い日には髪型がまとまらないという話をしています。

---

ミキ： Today is so windy. My hair is ...
きょうは本当に風が強いね。髪の毛が・・・。

ジュディ： everywhere.
そこら中に広がっちゃうよね。

ミキ： Yeah.
そうなの。

---

この場合は、二人で協働して会話を作っているという感じがあり、「あなたの言おうとすることをわかっている」という一体感があります。

この相手の会話を引き取る方法は、独特の楽しさを作り出せますが、人によっては、ちょっと無作法だと思う人もいるようです。でも親しい友人の間では、盛り上がるテクニックですね。

　ある外国人の友人が、日本の敬語の難しさを、名詞の前に「お」を付ける
例をあげて話しています。あなたもそれを受け、「そう、日本の丁寧表現は本
当に複雑ですよね」と言ってみましょう。

相手：　　I never understand when I should put "o"
　　　　　before a noun, such as *O-seibo*.
　　　　　たとえば、「お歳暮」のように、どんな場合に名詞の前に
　　　　　「お」を付ければよいのか、まったくわからないのです。

あなた：　_____

・・・・・・・・・・・・・・・・・・・・・・・・・・・・・・・・・・・・・・・・・・・・・・・・・・・・・・・・・・・・・・・・・・・・・・・・・・・・・・・・・・・・・・・・・・・・・・・・・・・・・・・

【解答例】　Yes, Japanese politeness is very complicated.

# 積極的に質問しよう

🎧**13**

　相手の発言に興味を持ったことを積極的に示し、そして話題を発展させていく方法として、相手に質問するという、シンプルで定番の方略があります。自分から話題を発展させていくのが苦手な人でも、相手の話題に絡んで会話を発展させていくことを身につけて、いいコミュニケーターになりましょう。

● 5W 1Hの疑問文が効果的

　何かを質問する場合、**who, what, when, where, why, how** という疑問詞で始まる疑問文がありますが、ここでは、それら5W 1H の使い方を見直しましょう。

　まず、前節の京都の例に当てはめて考えてみましょう。

> 相手： I went to Kyoto this weekend.
> 　　　週末に京都に行ったのです。
>
> あなた： Kyoto. That's a lovely place.
> 　　　京都ですか。いいところですね。

　ここで、あなたが続ける質問として、次のような質問が考えられますね。

・**Where** did you visit?　どこに行ったのですか？

・**Who** did you go with?　だれと行ったのですか？

・**What** did you do in Kyoto?　京都で何をしたのですか？

　このように質問すれば、どんどん話題を広げていくことができます。また、**How** は、How did you enjoy it?（どうでしたか？）などの言い方で、どんな会話にも定番表現として使うことができます。

　では実際に、どのように会話を展開していくことができるのか考えてみましょう。

---

相手：　I went to Kyoto this weekend.
　　　　週末に京都に行ったのです。

あなた：　Kyoto. That's a lovely place. Where did you visit?
　　　　京都ですか。いいところですね。どこに行ったのですか？

相手：　I went to Kiyomizu Temple. You know, it's very famous for its huge stage.
　　　　清水寺です。大きな舞台で有名ですよね。

あなた：　Yeah, do you know the expression, *Kiyomizu no butai kara tobioriru?*
　　　　そうなんです。「清水の舞台から飛び降りる」という表現があるのを知っていますか？

相手：　Yes, it's used when we have to raise our courage.
　　　　はい、勇気を奮い起さなければいけないときに使われる表現

---

ですよね。

あなた： Exactly. It's also famous for pottery, Kiyomizuyaki. Did you buy some?

そのとおりです。清水は、また清水焼という陶器でも有名なのですが、何か買いましたか？

このようにして、どんどん会話を弾ませていくことができますね。

それでは次に、先ほどの場面では使えなかったWhyを使った例を考えてみましょう。

相手： I was late for school today.

きょうは学校に遅刻しちゃったわ。

あなた： Why?

どうして？

相手： Just getting ready: fixing my hair, make-up, and so on.

ただ準備に時間がかかっただけ、髪型とか、メークとか。

あなた： I know what you mean. It takes ages.

わかるわかる。本当に時間かかるよね。

ここでは、学校に遅れた理由を知るため、Why? と相手に質問することで、相手の話題に興味を示し、会話を発展させていますね。

この章では、聞き手として積極的に会話に参画する方法を考えてきました。聞き手であっても、相手の発言を受け止め、積極的に質問し、会話を発展させていけるアクティブ・リスナーになりたい

ですね。

　あなたは、取引先のジョンソンさんを出迎えるため空港まで行きました。ひととおりのあいさつを済ませたあと、どのような質問をすればいいでしょうか？また、それが久しぶりに会う友人だったらどうでしょうか？ それぞれ2つずつ質問を考えてみましょう。

（A）初対面／取引先の相手の場合

あなた： 　Mr. Johnson? Nice to meet you. I am
　　　　　　（自分の名前）of ABC Company.

ジョンソン：Nice to meet you, too. I'm David Johnson.
　　　　　　Call me Dave.

あなた： 　OK, Dave, ＿＿＿＿＿＿＿(A)＿＿＿＿＿＿＿


（B）久しぶりの再会／友人の場合

あなた： 　Hi, Mike. Long time no see.

マイク： 　（名前を呼んでから）, nice to see you again.

あなた： 　Mike, ＿＿＿＿＿＿＿(B)＿＿＿＿＿＿＿

..........................................................................................................

【解答例】

(A)　1) how was your flight? (did you have a safe flight?)
　　　2) is this your first visit to Japan?

(B)　1) you look very nice. / you haven't changed at all.
　　　2) how have you been?

# 会話は省エネで

　相手の質問には完全な文章で答えないといけないと考えている人がたくさんいます。でも実際、そうなのでしょうか？　たとえば、この例を見てみましょう。

上司：　Have you finished the report I asked you to summarize last week?
　　　　先週私が君に頼んだレポートは仕上がったかね？

部下：　Yes, I have finished the report you asked me to summarize last week.
　　　　はい、あなたが私に先週頼んだレポートを私は仕上げました。

上司：　Can I see it now?
　　　　いま、それを見れるかね？

部下：　Yes, you can see it now.
　　　　はい、いまそれを見ることができます。

　この会話、何かがおかしくないでしょうか？ そうですね。部下の答えがおかしいのです。普通の会話ならこうなるはずです。

上司：　Have you finished the report?
　　　　先週私が君に頼んだレポートは仕上がったかね？

部下：　Yes, here you are.
　　　　はい、こちらです。

会話がずっと短く終わっていることがわかりますね。

　最初の例では、部下が、上司のことばをすべて繰り返しています。しかしこれは2人の間ではわかりきっている情報です。たとえば、the report と言えば、上司が先週頼んだレポートだとわかります。つまり、部下は不必要な情報を繰り返していることになります。Can I see it now? という2つ目の質問も、上司はそのレポートを見たいと要求しているのであって、You can see it now. という可能性や許可を表す表現は適切ではありません。

　会話では、お互いの協調努力を最小限にするという法則があり、相手にメッセージを明確に伝えることができれば、それ以上に情報を繰り返す必要はないのです。むしろ、不必要な情報を繰り返すことは、相手の情報処理に余分な負担をかけ、理解を妨げる可能性があります。この例では、わかりきった情報を繰り返すことによって、むしろ上司をバカにしているような印象さえ与えかねません。

　このように、会話は、相手に明確に情報を伝えることと、そのためのエネルギーを最小限に抑えることのバランスの上に成り立っています。そのバランスを崩し不必要な情報を与えることは、自分にとって大変な作業となるだけではなく、相手にとっても理解が難しくなるのです。むしろ会話では、そのときの状況から判断できること、そして、これまでの話から自分と相手がどれだけの共有知識をもっているかを見極め、それらをうまく利用し、最小限の情報でコミュニケーションする、省エネのスタイルが賢い方法だと言えます。

# 第2章

# 困ったときはこう切り抜けよう！

　外国語で話をするのは本当に大変ですね。単語が出てこない、とっさに正しい文法が思いつかない、アイディアをどう構成していいかわからない、など大変なことばかりです。でも安心してください。この章で説明する方法を使えば、困った場合も簡単に乗り切っていくことができます。

　ここでは、まず、単語が思いつかない場合の方略をご紹介し、次に文の構造を変えても、実は同じ内容を表現できる方法をご紹介します。

# つなぎ語をうまく使おう

🎧15

なにかを説明しようとして、うまい言葉が見つからないとき、沈黙が気になりますね。そういう場合の自然な切り抜け方を考えてみましょう。

## ● 「つなぎ語」とは？

第1章6で、ミキが懐石料理について説明している例を出しました。ミキは説明に困ったとき、次のような表現を使っていますね。

> ミキ： *Kaiseki* is a traditional Japanese
> cuisine. There are many dishes and
> they are uhm ... how can I put it ...
> served differently.
> 懐石というのは、日本の伝統的な料理です。たくさんの品数があり、うーん、何と言えばいいのでしょうか、違って給仕されます。

そう、How can I put it? (何と言えばいいのでしょうか？) という表現です。これが、「つなぎ語」です。われわれは、わからないことがあったとき沈黙しがちですが、アメリカやヨーロッパなどの文化では沈黙を嫌う傾向があり、特にアメリカでは沈黙の限界は3秒と言われています。つまり、英語コミュニケーションでは、できる

だけ沈黙を避け、別の方法によって補う必要があるのです。その1つが「つなぎ語」なのです。

この How can I put it? のほかにも、Well（そうですね）やHow can I say it?（何と言えばいいのでしょうか？）と言うことによって、沈黙を埋めるとともに、表現を探しているというメッセージを相手に伝えることができます。これにより、相手側が適切な情報を提供してくれるかもしれません。また、それがなかったとしても、少なくとも自分は話を続けていきたいという意思を伝え、その間に適切な表現を探すことができます。ぜひこれらの表現を使って、わからない言葉があっても、会話を続けていける方法を身につけましょう。

## ● 相手のリソースを活用する

会話のいちばん難しい点は、即座に相手の発言を理解し、反応しなければいけないということです。でも同時に、会話には相手が存在するという利点があります。つまり、相手の持っているリソース（言語能力や背景知識など）を活用することができるということなのです。

相手がネイティブ・スピーカーの場合は、英語でどのように表現するのか、相手に聞いてみることができます。その際の表現は、

What do you call it in English?
英語では何と呼んでいますか？

ですね。ほかにも、もう少し間接的な表現を使うこともできます。

I don't know how I can explain it to you.
どう説明していいかわかりません。

I don't know the expression in English.
英語での表現がわかりません。

　これらの表現を使うことによって、相手が適切な表現を提示してくれるでしょう。それによって、会話がスムーズに前進するだけでなく、あなた自身もそのつど表現を覚えていくことができますね。（わからない単語をどのように表現すればいいかは、次からの節でじっくり説明します。）

● 言い始めてみるという方法
　単語をうろ覚えの場合——特に最初だけわかっていて、最後までわからない単語の場合——は、とりあえず言い出してみるという方略もあります。
　この方略は、正しい英語を話すという点からはあまりお勧めできる方法ではありませんが、会話は双方が協働して作り上げていくという視点に立てば、理にかなった方法です。次の例は、最近イギリスでは picking（空き巣）が増えたという会話です。ジェイムズが picking の巧妙な手口について説明し、それに続いて、ヨウコがコメントしているところです。

| ヨウコ： | So, they are profess ... profession ... professor?|
|---|---|
| | なるほど、彼らはプロフェス…プロフェッション…プロフェッサーなんですね？ |

ジェイムズ： Professional.

プロフェッショナル。

ヨウコ： Yeah, professional.

そう、プロフェッショナルなんです。

　この例では、このあと、ひとしきり２人の間に笑いが起こりました。単語が似ているため、ヨウコが professor（教授）と言ってしまったからです。

　このように、単語を間違えはしましたが、最終的には二人が言いたいことを理解しあって、ヨウコも professional という正しい言葉にたどりつきました。相手が気のおけない人である場合は、こういう方法もおもしろいかもしれません。

**練習問題** ......................................................**◀16▶**

次の会話のつなぎ語を考えてみましょう。

あなた： ナイフとフォークを使うのは難しいですね。というのも、私がいつも使うのは、あの、<u>何と言えばいいでしょうか？</u>

相手： お箸ですか？

あなた： そう、お箸なので。

あなた： It's difficult for me to use a knife and a fork because I always use ... uh ... (　　　　　　　　)

相手： Chopsticks?

あなた： Yeah, chopsticks.

......................................................................................

【解答例】　how can I put/say it ...

47

# 知らない単語を言い換える ①
## ―withを使って―

英語で会話をしているときにいちばん困ることは、単語が出てこないことですね。知らない単語に出くわしたとき、どう表現すればいいのでしょうか。実は、ネイティブ・スピーカーもよく使う意外に簡単な方略があるのです。

● 「上位語＋withを使った句」

具体例で考えてみましょう。

あなたは、同僚のジュディとオーストラリアに旅行に行った話をしています。

> ジュディ： How was your trip to Australia?
> オーストラリアへの旅行はいかがでした？
>
> あなた： Oh, I enjoyed myself very much. In Sydney, I went to the zoo and saw a white tiger. It was so beautiful. Also I ate the meat of uh ...
> とても楽しかったです。シドニーでは動物園に行って、白いトラを見ました。それは美しいトラでした。それに、ある肉も食べたのです。それは・・・。

ここであなたは、「ワニ」という単語がわからず、とまどってしま

いました。こういう場合にお勧めなのが、「上位語＋withを使った句」です。

　上位語というのは、その語が属するグループを総称して表す単語のことで、たとえば「ワニ」の場合は「動物」となります。まずこの上位語によって「動物」だという情報を出し、その後に「〜を持った」という意味の with を用いて、後ろから情報を付け加えていくという方略があります。この with のあとには、「冠詞＋形容詞＋名詞」と並ぶことが多く、この方法を使うと、「ワニ」は an animal with a long mouth and sharp teeth と表現できます。

　先ほどの例を考えてみましょう。

---

あなた：　Also I ate the meat of uh ... how can
　　　　　I say it ... an animal with a long mouth
　　　　　and sharp teeth.
　　　　　それに、ある肉も食べたのです。何と言うものでしたっけ？
　　　　　長い口と鋭い歯をもった動物の肉です。

ジュディ：Ah, an alligator.
　　　　　ああ、ワニですね。

---

　この表現で、ジュディは「ワニ」だとわかってくれました。オーストラリアでは、ワニの肉を食べることは、観光客の間で評判になっているので、この表現ですぐにわかると思います。それでもまだ通じないときには、It lives in rivers. などの情報を付け足せばいいでしょう（これらの表現は、次の3、4で詳しく説明します）。

### ● 上位語を覚えておこう

上位語とは、その語が属するグループの総称、つまり「上位にあるもの」をひとくくりにした概念を表す言葉で、ワニやシマウマの場合は「動物」ということになります。先ほどの「ワニ」の例は、この上位語によって、まず「動物」だという大きな情報を提示し、with 以下で、あとから情報を付け加え、特定していく方略です。

では、上位語には、ほかにどのようなものがあるのでしょうか？ 果物や野菜の名前がわからないときは、それぞれ fruit、vegetable と表現できますね。さらにその上の上位語として、food（食べ物）と表現することもできます。このほか、次のような上位語を覚えておくと便利です。

- tool, equipment（器具）― ホッチキス、温度計、冷蔵庫などを
  表現する場合
- vehicle（乗り物）― 救急車、消防車などを表現する場合
- dishes, cuisine（料理）― 珍しい料理などを表現する場合

果物の例を考えてみましょう。たとえば、あなたが南の島に旅行に行って、星の形をした珍しい果物を見つけたとしましょう。そして、この果物の名前を聞いてみたいと思います。この場合は、まず fruit と上位語を出して、そこに「星のような形をした（持った）」という情報を付け足せばいいわけですね。そうすると、a fruit with a shape like a star となります。ちなみに、この果物は star fruit と呼ばれています。そのままですね。

## ● What do you call 〜？と組み合わせる

　では、この果物を英語で何と呼ぶのか聞いてみたい場合、どう表現すればいいでしょうか。さきほどの a fruit with a shape like a star に、What do you call 〜？（〜を何と呼びますか？）という表現を付け加えればいいだけです。次のようになります。

What do you call the fruit with a shape like a star?
星のような形をした果物を何と呼びますか？

　もう一度、ジュディとの会話例を考えてみましょう。How can I say it? というつなぎ語の代わりに、What do you call 〜？を使って、相手に助けを求めることもできます。

> あなた：　Also I ate the meat of uh ... what do you call the animal with a long mouth and sharp teeth?
> それに、ある肉も食べたのです。長い口と鋭い歯を持った動物を何と呼びましたっけ？
>
> ジュディ：You mean an alligator?
> ああ、ワニですか？
>
> あなた：　That's it.
> それです。

という具合です。知らない単語が出てきても、意外に簡単にその場を切り抜けていけますね。

**練習問題** ........................................................ **18**

「あの赤く紅葉している木は何と呼びますか?」と英語で聞いてみましょう。
(ヒント:「赤い葉をつけている木」と表現すればいいですね)

あなた：　What do you call (　　　)(　　　)(　　　)(　　　)
　　　　　(　　　)?

相手：　　It's a maple.
　　　　　(カエデです)

........................................................................................

【解答例】　the tree with red leaves

# 知らない単語を言い換える ②
## ―現在分詞を使って―

　前回は、知らない単語の表現に、「上位語＋with を使った句」の表現を学びましたが、今回は「上位語＋分詞」の表現を考えてみましょう。「With ＋句」は、前回の動物や果物の例のように、形状や形態を付け加える場合には最適ですが、動作を表す表現を付け加えたい場合には、今回のような表現を覚える必要があります。

### ● 現在分詞と過去分詞

　分詞とは、動詞の性質を残しながらも、名詞を修飾したり、補語になったりと、形容詞としての働きをするもので、現在分詞と過去分詞の2種類があります。現在分詞は「〜している」という進行中の動作を、過去分詞は「〜される」という受け身の意味を表します。

　前節2の例 (p.48) をもう一度考えてみましょう。

> ジュディ： How was your trip to Australia?
> オーストラリアへの旅行はいかがでした？
>
> あなた： Oh, I enjoyed myself very much. In Sydney, I went to the zoo and saw a white tiger. It was so beautiful. Also I ate the meat of uh ... how can I say it ... an animal with a long mouth and sharp teeth.

> とても楽しかったです。シドニーでは動物園に行って、白い
> トラを見ました。それは美しいトラでした。それに、ある肉も
> 食べたのです。何と言うのでしたっけ? 長い口と鋭い歯
> を持った動物の肉です。

　ここでは、「長い口と鋭い歯を持った」という説明を加えていま
すが、「河に住んでいる動物」という情報を付け加える場合はどう
なるでしょうか? こういう場合に、現在分詞を使って、living in
rivers と表現すればいいのです。分詞を使って名詞を修飾する場
合、2語以上の場合は、名詞の後に付けて表現します。

① an animal living in rivers　河に住んでいる動物
② an animal with a long mouth and sharp teeth
　 living in rivers　長い口と鋭い歯を持って、河に住んでいる動物
③ an animal having a long mouth and sharp teeth
　 and living in rivers　長い口と鋭い歯を持って、河に住んでい
　 る動物

　最初の①は、「河に住んでいる」という情報だけを付け加えた形
です。このように、動作や状態を表す情報を付け加えたい場合は、
with を使った句では表現しにくいので、分詞を使った表現がより
適切になります。
　次に②は、前節で学んだ表現と今回の表現を組み合わせた例で
すね。もちろんこのままでもいいのですが、英語としての形をより
きれいに整えるためには、with の代わりに having と現在分詞
を使って、③のように、having と living の2つを並列させます。

「河に住んでいる」という情報と「長い口と鋭い歯を持った」という2つの情報を同時に提示していますね。このように付け加える情報量は、相手の理解度に応じて調整しましょう。

## ●「上位語＋現在分詞」の表現

　上位語＋現在分詞の表現を覚えると、表現の幅がぐっと広がります。たとえば、前節で学んだ What do you call ～ ? の表現を使って、「あの木から木へと飛び移っている動物は何ですか?」と聞いてみましょう。このようになりますね。

> あなた： What do you call **the animal flying between trees**?
> あの木から木へと飛び移っている動物は何ですか？
>
> 相手： It's a flying squirrel.
> ムササビです。

ほかにも、次のような表現によく使われます。

> あなた： Do you know **the girl wearing a blue dress**?
> あの青い服を着た女の子を知っていますか？
>
> 相手： It's Nancy.
> ナンシーです。

> あなた： Look at **the guy wearing sunglasses**.
> あのサングラスをかけた男性を見て！
>
> 相手： Wow, he's very cool. He may be an actor.
> カッコいいね。俳優かもね。

　もうお気づきですね。この「上位語＋現在分詞」の場合は、上位語が動作を行う主体になっています。

**練習問題** ⋯⋯⋯⋯⋯⋯⋯⋯⋯⋯⋯⋯⋯⋯⋯⋯⋯⋯⋯⋯ **20**

日本語訳に合わせて、英語の表現を考えてみましょう。

あなた：Look at the (　　　) (　　　) (　　　) (　　　). Looks
　　　　like our boss.
　　　　向こうを歩いている男性を見て。われわれの上司みたいだけど。

相手： It (　　　)(　　　). He is on a business trip.
　　　　そんなはずないよ。彼は出張中だよ。

【解答例】　あなた：( man または guy ) ( walking ) ( over ) ( there )
　　　　　　相手：　( can't ) ( be )

# 知らない単語を言い換える ③
―過去分詞を使って―

前節では「上位語＋現在分詞」の表現を学びましたが、ここでは「上位語＋過去分詞」の表現方法を使って、知らない単語を説明してみましょう。これは特に、上位語が「道具」などの場合に最適な方法で、受け身を表す過去分詞 used for ～（のために使われる）などの表現がよく使われます。

● 「上位語＋過去分詞」の表現

まず、次の例文で考えてみましょう。たとえば、あなたは「ホッチキス」を借りたいと同僚のマイクに言ったのですが、ネイティブ・スピーカーの彼は理解してくれませんでした。実は、「ホッチキス」は英語ではないんですね。英語では stapler と言います。

---

あなた： Can I borrow your *hocchikisu*?
　　　　ホッチキスをお借りできますか？

マイク： What is it?
　　　　それは何ですか？

あなた： It's a tool used for putting paper together.
　　　　紙を綴じるために用いられる道具です。

マイク： Oh, a stapler.
　　　　ああ、stapler のことですね。

---

　この例では、まず「何かの道具」だという情報を伝えるため、上位語の tool を出しています。そのあとに「紙を綴じるために用いられる」という説明を加えるのですが、この「用いられる」という受け身の意味を表すために、過去分詞 used を使います。そのあとに「紙を綴じるために」という意味の for putting paper together を付ければいいのです。

　もう一つ例をあげてみましょう。
　「さっき、救急車を見た」と言いたいのですが、「救急車」の英語（ambulance）がわかりません。この場合はどうなるでしょうか？「救急車」は「病気の人々を病院に連れていくために用いられる乗り物」と表現できるので、「救急車」の上位語である「乗り物」vehicle を使えばいいんですね。次のようになります。

　a vehicle used for taking sick people to hospital

　また「特別な用途を持った乗り物」であるということを伝えるために、a special vehicle、さらに vehicle という語が思いつかない場合は、a special car と言ってもいいと思います。
　ほかには、たとえば「冷蔵庫」(refrigerator)も同じように表現できます。
　equipment used for storing food となりますね。
　また equipment が思いつかなかった場合は、a big box used for storing food などと表現しても伝わるでしょう。
　このように、「上位語＋過去分詞」は、名前がわからない道具な

どを表現する場合に最適な方法です。

### ● カタカナ語が邪魔をする？

ところで、さきほどのホッチキスのことですが、本来英語ではない外来語や商品の名前が一般化した名詞となっている場合があります。たとえば、お菓子の「カステラ」も英語ではないので、これは a sponge cake となります。また、「コンセント」も英語だと間違っている人が多いのですが、これは英語では outlet または receptacle となります。間違いやすい表現なので、気をつけましょう

**練習問題** ................................................................ **22**

日本語訳に合わせて、英語の表現を考えてみましょう。

あなた： It's so muggy today. It must be 70 or 80%
humidity if we measure it with a ... how can
I say it ... the (　　　　) (　　　　) (　　　　)
(　　　　) the humidity?
きょうは蒸し暑いですね。70、80％の温度になっているでしょうね、あの…何と言いましたっけ？…湿度を測るのに使われるあの器具で測ったら。

相手： Oh, a hygrometer.
ああ、湿度計のことですね。

................................................................

【解答例】 ( tool / equipment ) ( used ) ( for ) ( measuring )

# 知らない単語を言い換える ④
―関係代名詞を使って―

知らない単語を言い換える、もうひとつの方法は、「上位語＋関係代名詞」です。これまで、「上位語＋withを使った句」で、その語の形状や形態を表す表現を、また「上位語＋分詞」で、動作を行ったり受けたりする表現を考えてきました。最後に、関係代名詞を使った方法をご紹介します。この表現方法を身につけて、さらに表現の幅を広げましょう。

## ● 関係代名詞とは？

関係代名詞というのは、2つの文を1つの文にするための接着剤のようなものだと考えてください。2つの文の中に出てくる同じ語（先行詞）を中心にして、その後ろに続いて文をくっつけていきます。たとえば、さきほどのホッチキスの例は、次のように書き換えることもできます。

> あなた： Can I borrow your *hocchikisu*?
> ホッチキスをお借りできますか？
>
> マイク： What is it?
> それは何ですか？
>
> あなた： It's a tool that is used for putting paper together.
> 紙を綴じるために用いられる道具です。

マイク：　Oh, a stapler.
　　　　　ああ、stapler のことですね。

　この It's a tool that is used for putting paper together. という文を分解すると、

・It's a *tool*.
・The *tool* is used for putting paper together.

という２文になります。この２つの文では、tool という語がどちらの文にも出てきている情報です。そして、この語を中心に文を融合させているのが、関係代名詞です。まず、It's a toolと出して、関係代名詞 that でつなぎ、その後ろから「紙を綴じるために用いられる」という情報を付け足していけばいいのです。これまでに学んできたのと同じ方法です。

　ただし、1つだけ注意しなければいけないことがあります。関係代名詞は、この tool にあたる先行詞と呼ばれる語が、「人」か「物」か、また後ろの文中でどのような役割（主語にあたるか、目的語か、先行詞の所有格か）によって使用される形が違うのです。

　整理するため、表にまとめてみましょう。

| 先行詞の種類 | 主格 | 所有格 | 目的格 |
|---|---|---|---|
| 人 | who | whose | whom |
| 物 | that または which | whose または of which | that または which |

　ただし、目的格は、会話ではほとんど省略されます。

　これまで取り上げてきた上位語は、関係代名詞を使って表現する場合、たいていそのまま先行詞として使うことができます。

### ●「上位語＋関係代名詞」の表現

　ホッチキスの例の場合、過去分詞を使っても、関係代名詞を使っても大差ありませんが、特に先行詞と後ろの文の関係や時制をより明確にしたいときは、関係代名詞が好まれます。

　次の例を考えてみましょう。

> あなた： He is ah ... what do you call a student who was once at this university?
> 彼はあの…かつてこの大学にいた学生を、何て呼ぶんでしたっけ？
>
> 相手： Oh, a graduate.
> ああ、卒業生ですね。
>
> あなた： Yeah, he is a graduate of this university.
> そう、かれはこの大学の卒業生なんですよ。

　ここでは、質問は現在形（what do you call）なのですが、「かつて」この大学の学生だったという意味で、who was と過去形の was を使っていますね。もしこれを現在分詞の a student being at this university とすると、現在通っている「在校生」という意味になります（ただし在校生は、普通、a student at this university と表現しますが）。

このように時制をはっきりさせたい場合などは、分詞ではなく、「関係代名詞＋節」の方がより明確に表現することができるのです。

この形は、職業を説明する場合などにも、よく使われます。たとえば、美容師（hairdresser）は次のように説明できます。

a person who cuts and arranges people's hair
人々の髪を切ったりアレンジする人

所有格 whose もよく使われます。たとえば、管理人 (care-taker) という語は、次のように説明できます。

someone whose job is to look after a building,
especially a school
ビル、とりわけ学校の世話をする職業の人

このように関係代名詞を使うと、先行詞とそれに続く部分の関係がより明確に表され、そのため、わからない単語をより自由にそして的確に表現できるようになるのです。

**練習問題** ……………………………………………………………………………… **24**

日本語訳を参考に、関係代名詞を使った英語の表現を考えてみましょう。

相手：　She is a nurse, you know, (　　　　) job is to
　　　　(　　　) (　　　) people (　　　) are ill or injured.
　　　　彼女は看護師なのです。病気やけがの人々の世話をする仕事で
　　　　すよ。

あなた：　Yeah, she must be a good nurse because she
　　　　is very kind.
　　　　ええ、よい看護師さんでしょうね。彼女はとても親切ですから。

…………………………………………………………………………………………………

【解答例】　( whose ) ( look ) ( after ) ( who )

# 構文を変えてみる ①
## ―be動詞と一般動詞―

🎧25

　ここまでは単語の言い換えを考えてきましたが、ここからは、単語がわからなくて文を構成できなくなったときにどうするか、その対処方法を考えてみましょう。一見まったく違った構文を使っても、同じような意味を表すこともできるのです。それをご紹介しましょう。

● be動詞を一般動詞に変える

　次の例を考えてみましょう。同僚のジョーとの会話です。ジョーがスポーツについてあなたに質問してきました。

---

ジョー： Do you like sports?
　　　　スポーツって好きですか？

あなた： Not so much. But I like watching
　　　　baseball games. My favorite ...
　　　　そんなに好きじゃありません。でも野球の試合を見るのは
　　　　好きです。私の一番好きな・・・。

---

　ここであなたは、「一番好きな選手」と言いたいのですが、player
という語が思い出せず、

　My favorite player is Darvish.
　私の一番好きな選手はダルビッシュです。

65

という表現ができませんでした。でもこんなとき、構文を変えて、

I like Darvish very much.

ダルビッシュ選手がとても好きです。

と表現することも可能なのです。

このように、My favorite player is Darvish. や Darvish is my favorite player. という、be動詞を使った「主語＋動詞＋補語（S＋V＋C）」の構文を、「主語＋動詞＋目的語（S＋V＋O）」と構文を変えて、I like ～ . の形を使っても表現することができるのです。

be動詞というのは、イコールのようなものと考えればわかりやすいと思います。つまり My favorite player（主語）＝Darvish（補語）となっています。

それに対して、目的語というのは、「動詞の動作の対象となるもの」のことです。上の例では「私は何を好きか」つまり、「好きなものが何か」となり、動詞 like の後ろに置かれます。


次のような場合にも、be 動詞を一般動詞に変えることができますね。

たとえば、あなたはステーキを食べていたのですが、「(肉が) やわらかい」という表現がわかりませんでした。soft でいいのかどうか悩んでしまい、This steak is very ...（このステーキはとても…）と言いかけて、文が完成できません。

肉が柔らかい場合は、tender という語を使うのですが、このような場合もさきほどと同じように表現すれば、きっと相手がこう答えてくれるでしょう。

あなた： This steak is very ... I mean ... I like
　　　　 this steak very much.
　　　　 このステーキはとても…というか、このステーキとっても
　　　　 好きです。

相手： Yeah it's very tender.
　　　　 本当に、とてもやわらかいですね。

この例のように、あいだに I mean という語を入れれば、より自
然になりますね。I mean は（98ページ）で詳しく説明しますが、前
に出した語を言い換えたり、より正確に説明するときに使う表現です。

もちろん、tender の代わりに、ほかの語が思い浮かんだら、
This steak is の構文をそのまま残し、This steak is very nice.
/ This steak is very juicy. などの表現で言い換えることもでき
ます。

● 一般動詞をbe動詞に変える

反対に、一般動詞が出てこないとき、be動詞を使った構文で表
現することも可能です。たとえば、次の例を見てください。あなたは、
「最近、太ったんです」ということを友だちのカレンに話しています。

あなた： Recently I ... Now I'm fat.
　　　　 最近、太ったんです。

カレン： Are you sure? I don't think so.
　　　　 本当に？　そうは思えないけど。

「体重が増える」というのは、put on weight または gain weight という表現ですが、この put on やgain という動詞が浮かんできませんでした。ただ、fat という語（形容詞）だけは頭に浮かんできたので、I'm fat. という表現で同じような意味を表しています。I am という表現は、現在の状態を表しますが、become という be動詞の仲間とも言える動詞を使って、「そういう状態になる」という意味を表すこともできます。たとえば、「最近太ってしまった」と表現する場合はこうなります。

Recently, I've become fat.

最近、太りました。

これは、現在完了形（have＋過去分詞の形）を使って、「太ってしまった」というニュアンスを伝えていますね。

このように、一般動詞と be動詞という一見まったく違った構文を使っても、よく似た意味を表すことができるのです。

**練習問題** ⋯⋯⋯⋯⋯⋯⋯⋯⋯⋯⋯⋯⋯⋯⋯⋯⋯⋯⋯⋯⋯⋯ 🎧26

次の日本語を英語にしてみてください。いくつかの構文を使って表現しましょう。

「あなたの新しいヘアスタイルはとても素敵です」

【解答例】
・I like your new hairstyle.
・Your new hairstyle is very nice/cool.
・You look very good with that new hairstyle.

# 構文を変えてみる ②
## ―節から句へ―

　同じ内容を別の構文で言い換える方法の②は、節を含む構文から句を含む構文に置き換える方法です。

### ● 間接疑問文を不定詞に置き換える

　節というのは「主語と動詞を含む意味のかたまり」のことです。ここでは、疑問文の中に節が含まれた間接疑問文の場合を取り上げます。

　まず、「駅までどうやって行けばいいのか教えてもらえますか?」という例を考えてみましょう。この文を分解して考えれば、次の2つの文から成り立っています。

　1)「教えてもらえますか?」⇒ Could you tell me ～ ?
　2)「駅までどうやって行けますか?」⇒ How can I get to
　　 the station?

　この1つ目の文の～の部分に、2つ目の文を埋め込むと、Could you tell me how can I get to the station? となりますが、果たしてこれでよかったでしょうか?　そう、疑問文が疑問文の中に組み込まれて節となる間接疑問文は、主語と動詞の語順が元通りになるので、

Could you tell me how I can get to the station?

が正しい形ですね。しかし、会話の限られた時間内で、この語順を考えるのは非常に大変です。こういう場合、同じ内容を「疑問詞＋不定詞」でも表すことができるのです。

Could you tell me *how to* get to the station?

　不定詞というのは、「to＋動詞の原形」の形をとり、文の中でさまざまな役割を担いますが、このように疑問詞と組み合わせて動詞の目的語になることもできるのです。
　ほかに、いろいろな疑問詞と不定詞を組み合わせることで、次のような表現ができます。

・what to 〜 （何を〜すべきか）
　例）I was very upset, so I didn't know *what to* say.
　私は非常に混乱していたので、何と言うべきなのかわかりませんでした。

・when to 〜 （いつ〜すべきか）
　例）Do you know *when to* hand in this report?
　このレポートをいつ提出すべきか知っていますか？

・where to 〜 （どこで／どこへ〜すべきか）
　例）This weekend I'm going to Fukuoka, but I don't know *where to* visit.
　今週末、福岡に行く予定なのですが、どこを訪問すべきかわかりません。

いろいろな状況で使える便利な表現です。

## ● 「too ～ to ... 」の構文が便利

もうひとつ、節から句へ置き換えることができる代表的な表現が「too ～ to ... 」の構文です。「あまりに～すぎて…できない」という意味を、so ～ that I cannot ... で表す代わりに、too ～ to ... の形でも表すことができます。

たとえば、「私はあまりに疲れていて外出できませんでした」を、節を含む構文で表現すると、

I was so tired that I couldn't go out.

となりますが、これを句の構文へ置き換えると、

I was *too* tired *to* go out.

となります。can を could（過去形）に変えるなど、時制を気にしなくていいので、句は便利な表現ですね。

このように、特に会話では、主語と動詞の一致（3人称のsや時制など）に注意を払わなければいけない節に代わって、句を使って簡潔に表現する方法が便利ですね。

**練習問題** ........................................................... **28**

次の2つの文を、節と句を使ってそれぞれ英語にしてみましょう。

1) 「どうやってこの器具を使うのか教えてもらえますか？」
2) 「私は眠すぎて、電話に出ることができませんでした」

...........................................................................................................

【解答例】

1) ＜節＞ Could you tell me how I can use this tool?
   ＜句＞ Could you tell me how to use this tool?
2) ＜節＞ I was so sleepy that I couldn't answer the phone [call].
   ＜句＞ I was too sleepy to answer the phone [call].

# 会話のコスト

　会話は書きことばのように、完全な文章で答える必要はありません。それよりも、相手の返答にすばやく応じる臨機応変さが必要となるのです。そこで、話しことばと書きことばの性質の違いを考えてみましょう。

|  | 話しことば | 書きことば |
|---|---|---|
| 言葉の性質 | 断片的 | 統合的 |
| 対話者との関係 | 密接な関わり | 離れた関係 |

　話しことばは、メッセージを発するまでの時間が極めて限られている上に、対話者とのやりとりを通じてメッセージを協働で構築していくために、言語的にはどうしても断片的になります。長くて完全な文章を構築する時間もないし、聞き手の立場からもそんなメッセージを話されたら、瞬時に情報処理をし理解するのも難しいのです。

　コミュニケーションには、それにかけるべきコスト（労力）という考え方があり、これはコミュニケーションの種類によって異なるのです。たとえば、相互理解をベースとする会話では、（複雑な）文を算出するコスト（production cost）を低めに抑え、それにより同時に遅延コスト（delay cost）も低く抑える方がいいのです。言い換えれば、何度も長いポーズ（間）を置きながら精度の高い文を作るよりは、すばやくポイントだけを押さえたメッセージを作る方が有効です。

下の2つの会話例を見てみましょう。

[1] 友人： How was the weekend?
　　あなた： Ah ... it's not ... it wasn't ... ah ...
　　　　　　 productive.

[2] 友人： How was the weekend?
　　あなた： Ah it wasn't so good.

　会話例 [1] では、productive（実りの多い）という語を考えるために長い時間を割いていますが、あいさつ代わりの How was the weekend? という質問に対する答えとしては、時間がかかりすぎていますね。

　一方、会話例 [2] では "wasn't so good" と答えることにより、友人の方が Why? や How come? などと質問を返してきて、会話のやりとりが続くことでしょう。

　文法ミスを非常に気にする人もいますが、話しことばの性質という点から考えても、会話においては、発話の正確さや複雑さに、そんなに固執する必要はないのです。

# 第3章

# こうすればわかりやすくなる！

　英語で何かを伝えるとき、本当に大変なのは、単語や文法よりも、文と文をどう構成していくか、どのように情報をまとめるか考えることではないでしょうか。でも効果的な方法があります。相手にわかりやすく伝えるためには、まず相手の持っている知識をチェックして、相手がわかりやすいように情報を構成していけばいいのです。この章では、そのためのわかりやすい方略をいくつかご紹介しましょう。

# 会話の土台づくりをしよう

異文化間のコミュニケーションでは、英語を話す難しさに加えて、お互いの文化に対する知識や共有する体験が少ないことが、よけいにコミュニケーションを難しくします。そのため、相手の持っている背景知識の程度をさぐり、これから説明する話題についての情報量を調節することが重要になります。

つまり、わかりやすく伝えるには、まず会話の土台づくりから始めればいいのです。たとえば、家に来る予定の友だちから道に迷ったと電話がかかってきたら、私たちはまず、その友だちがいまどこにいるのかを確認してから、どうすれば家までたどり着けるかを説明しますよね。この、どこにいるのか確認するのと同じ行為が、会話の土台づくりなのです。

### ● 相手の知識量に応じて話す

日本の文化について説明するとき、相手がどの程度まで知識を持っているかわからない場合は、何をどう話したらいいのか、迷ってしまいますね。

次の例では、友人のナンシーが日本に遊びに来たとき、あちこちに人形が飾られているのを見て、ヨウコに質問してきました。

ナンシー： Dolls are displayed everywhere. Is it because you love dolls?

至る所に人形が飾られていますね。日本の人々はお人形が好きだからですか？

ヨウコ： Actually, no. It's for *Hinamatsuri*. Have you heard of it?

そういうわけではないんです。これはひな祭りのためなんですよね。「ひな祭り」って聞いたことありますか？

　ここで、ヨウコは、まず相手の知識量をさぐることによって、話すべき情報を整理しようとしています。もし、相手が "Oh, yes, it's the Dolls' festival." と答えたら、次の例のように、そこから先の情報を、教えてあげればいいわけです。

ナンシー： Oh, yes, it's the Dolls' festival for girls.

ああ、女の子のための人形のお祭りですよね。

ヨウコ： Yeah, *Hinamatsuri* is around the corner. So at this time of the year you see dolls everywhere.

そうなんです。ひな祭りがもうすぐなので、今の季節は至る所で人形を目にするんですよ。

　反対に、もしも相手がまったく知識を持っていなくて、次のように答えたら、ひな祭りとは何かという情報から伝えてあげなければなりません。

> ナンシー： No, I've never heard of it. Actually, I don't know much about Japanese culture.
>
> いえ、聞いたことがありません。日本の文化については、あまり知らないのです。
>
> ヨウコ： For *Hinamatsuri*, we display dolls and pray for girls' happiness. As *Hinamatsuri* is around the corner, you see dolls everywhere.
>
> ひな祭りには人形を飾って女の子の幸せを祈ります。ひな祭りがもうすぐなので、至る所で人形を目にするんですよ。

　このあと、さらに相手が興味を示せば、「ひな」とは何かとか、「端午の節句」という男の子のお祭りもあるというふうに、話題を展開していけますね。

　このように、相手の背景知識に応じて情報量を調整すれば、会話はスムーズに発展していきます。この方法は、相手の背景知識だけではなく、相手の言語の知識を確認する場合にも使えます。

### ● 相手が知っている表現かどうか聞く

　ネイティブと英語で話をしていると、「こういう表現、知ってる？」と聞かれることがよくあります。以下の例は、イギリス人のジェイムズと日本人の大学院生ミカが、テストが終わったときに話をしている場面です。

ジェイムズ： Do you know the expression, let your hair down?

「let your hair down」って表現知ってる？

ミカ： No, what does it mean?

ううん、どういう意味？

ジェイムズ： In centuries past, people in high society spent hours and hours over doing their hair. So letting it down became synonymous with relaxation.

何世紀も前、上流階級の人々は何時間もかけて髪型を作ったんです。なので、髪をおろすっていうことは、リラックスするっていうことと同義語になったんです。

ミカ： Oh, I see. So now we can let our hair down.

じゃ、やっと私たちは髪をおろせますね（くつろげますね）。

　ここで、もしミカがこの表現を知っていたら、Yeah, now we can let our hair down. と即座に答えたでしょうが、知らなかったので、ジェイムズが説明してくれている例です。

　このように、相手の背景知識や表現の知識を確かめて、土台づくりをしてから会話を進めると、スムーズに会話が進みます。例に出てきたように、Do you know ～？とか Have you heard of ～？などは代表的な表現なので、覚えておきましょう。

**練習問題** •••••••••••••••••••••••••••••••••••••••••••••••••••••••••••••••• **30**

　日本の文化を全然知らない対話者のために、「端午の節句」を英語で説明してみましょう。

_____

_____

　（ヒント：「男の子の成長を祝うためのお祭り」や「そのために鯉のぼりを飾ります」などと説明してみましょう）

••••••••••••••••••••••••••••••••••••••••••••••••••••••••••••••••••••••••••••••

【解答例】

We have a festival called *Tango no Sekku*. On that day, we display carp, made of cloth, on the roof to celebrate a boy's growth.

日本には、端午の節句というお祭りがあります。その日は、布で作られた鯉を屋根の上に飾って、男の子の成長を祝うのです。

## 2

# 枠組みを作って話そう

　異文化間の会話では、「日本ではどうなのですか？」と質問されることがよくあります。でも話題が大きすぎて、どう答えていいのかが難しいですよね。こういう場合には、まず枠組みを作って、「Aの場合には～」「Bの場合には～」と情報を整理して説明していく方略が便利です。ぜひ覚えましょう。

### ● 3つの理由を示す

　あなたは、友人のクリスと話をしていたときに、「なぜ日本人はそんなに残業をするのか？」という質問を受けました。返答に窮する質問ではありますが、こういう場合も意外にうまく答えられる方法があります。次の例の下線部に注目してください。

---

クリス：　I'm wondering why Japanese people
　　　　　work overtime everyday. They have little
　　　　　time to enjoy themselves.
　　　　　日本人はどうして、毎日残業するんだろう。自分自身が楽しむ
　　　　　時間がほどんどないよね。

あなた：　Uhm, it's a tough question. I suppose
　　　　　there are roughly <u>three reasons</u>.
　　　　　<u>First of all</u>, we have to finish our work
　　　　　anyway. <u>Second</u>, we are very diligent

---

and work hard to meet our customers'
needs. <u>Third</u>, we have some kind of
pressure from coworkers.

うーん、難しい質問ですね。大きく<u>3つの理由</u>があると思います。<u>まず1つ目は</u>、とにかく仕事を終えないといけないし、<u>2つ目は</u>、日本人は勤勉なので、顧客ニーズに答えられるよう、一生懸命働くんですよね。<u>3つ目は</u>、同僚からのプレッシャーみたいなものもあるんですよね。

　ここでは、「なぜ残業をするのか？」という難しいテーマについて、まず「大きく3つの理由があります」と、冒頭でこれから話す内容の構成を示し、「まず1つ目は」「2つ目は」「3つ目は」という道しるべのようなもの（談話標識）を置いて、わかりやすく説明しています（コラム③参照）。

　外資系企業などでは、この例のように、特に3つの理由を示すことが好まれ、「アメリカ人上司に質問されたら、まず始めに、There are three reasons. と言ってから理由を考える」と言っていた日本人ビジネスマンもいるほどです。

● 立場をはっきりさせる

　枠組み作りとして効果的なもう1つの方法は、From ～'s point of view や In the case of ～ のような表現を使い、「～の観点からは」「～の場合には」と立ち位置をはっきりさせて、情報を整理し、絞りこんでいく方略です。

　さきほどの同じ例を用いて考えてみましょう。クリスの質問にあなたが答えます。

あなた：　Yeah, that's true. <u>From an employee's point of view</u>, working overtime is very tiring. But, <u>from an employer's point of view</u>, it can create competitiveness although now overtime is not officially encouraged.

そのとおりですね。従業員の立場からは、残業は非常に疲れます。でも、雇用者の立場からは、競争力を得られることもあります。いまは残業は控える方向にありますが。

　ここでは、「従業員の観点からは」「雇用者の観点からは」としっかりと立ち位置を示すことによって、情報を整理しています。この例では、両者の立場から述べていますが、どちらか1つの立場を選び答えることも、もちろん可能です。

　「従業員の立場からは」というのは、From the viewpoint of employees と言うこともできます。また「雇用者の立場からは」というのは、From the viewpoint of employers、または From a corporate point of view（企業の視点からは）とも表現できます。

　こういう枠組みを作ることによって、一見答えられそうにない大まかな質問にも、きっちりと返答していくことが可能になります。

● どちらとも言えないときは

　もうひとつ、便利な枠組みの方略を覚えておきましょう。どちらとも答えられない場合、またいくつもの可能性があるという場合に

は、まず It depends.「状況によります」と答えて、それぞれの
状況をあとから付け足す方法です。次の例では、ジェイムズが、日
本人留学生のミカにイギリスの先生たちの方が日本より厳しいかど
うか質問している例です。

> ジェイムズ： Do you feel your tutors here are
> stricter than they would be in Japan?
> ここでの指導教官の方が日本よりも厳しいと思う？
>
> ミカ： It depends on the professor. Some
> students are so busy and others are
> not.
> 指導教官によりますね。すごく忙しくしている学生もいる
> し、またそうでない学生もいますので。

　この例で、ミカは、まず It depends on the professor.（指導
教官によります）と答えてから、Some ～ others ～ の表現を使
って、「～の場合もあるし、また～の場合もある」という情報を付
け加えています。It depends. はそれだけで、「状況による」とい
う意味にもなりますが、このように、It depends on ～ という使
い方で「～によります」という表現になるのです。便利な表現なの
で、ぜひ覚えておいてください。

「~の観点からは」という表現を使って、次の下線部を英語にしてみましょう。

あなた： While this report presents several interesting
suggestions, _____

_____

「このレポートはおもしろい提案をしているが、実施という観点
からは、いくつかの問題がある」

【解答例】

it has several problems in terms of implementation. /
there are problems in terms of implementation. など。

# 例をあげて具体的なイメージを伝えよう

相手が知らない話題について話す場合は、なかなか相手にわかってもらうのが難しいものです。こういう場合に有効な方略が、「例をあげる」という方法です。相手が知っていそうな例をあげることによって、相手は具体的なイメージを抱くことができます。

## ● 具体的なイメージを作る

初めて日本にやってきたポールに、あなたは旅行のアドバイスをしています。東京を離れての旅行には、京都に行ったらどうかと勧めているところです。

ポール：I have one week in Japan, so I'm planning a short trip out of Tokyo. Do you have any recommendations?
日本に1週間滞在予定なので、東京を離れてのちょっとした旅行を考えているのですが、どこかお勧めがありますか？

あなた：You should go to Kyoto. Kyoto is an old capital and has a lot of sight-seeing spots, <u>such as temples, shrines, and castles</u>.
京都に行くべきですよ。京都は昔の首都で、観光名所がたくさんあるのです、寺院や神社やお城などです。

ここでは、京都を勧める理由として、まず「たくさんの観光名所がある」と情報を出して、その観光名所の例として、「寺院、神社、お城」と具体的な例を出しています。これによって聞き手の方は、観光名所の具体的なイメージがわいてきますね。

　この会話の続きを考えてみましょう。

ポール： Sounds exciting. I'm very much interested in traditional Japanese architecture. Is there anywhere particular in Kyoto?

それはおもしろそうですね。私は日本の伝統的な建築に非常に興味があるのです。京都には特にいいところがありますか？

あなた： Actually, there are many places to visit. Since you like architecture, you should visit Kiyomizu temple. It's very famous for its grand stage, *Kiyomizu no butai.* Have you heard of it? It is so magnificent that we have a saying, *Kiyomizu no butai kara tobioriru.* It means we can pluck up courage as if we were jumping off the stage.

実際、とてもたくさんお勧めの場所があります。建築がお好きということですので、清水寺を訪ねるといいでしょう。「清水の舞台」と呼ばれる大きな舞台はとても有名です。聞いたことがありますか？「清水の舞台から飛び降りる」ということわざもあるほどで、この舞台から飛び降りるような気持ちで勇気を振り絞るという意味なのです。

　この例では、清水寺という具体例を出し、さらに「大きな舞台のあるお寺」という説明をしているので、これまでの「寺院、神社、お城」という情報に比べて、はるかに明確なイメージを抱くことができます。

　この例では、具体例だけではなく、これまでこの章で説明してきたいくつかの方略が用いられているので、ちょっと解説しておきましょう。

　まず、「特にいいところがありますか？」というかなり大きな質問に対して、Since you like architecture（建築がお好きということですので）と枠組みを作っていますね（本章2参照）。この例では、ポールが I'm very much interested in traditional Japanese architecture. と話したあとなので、Since（〜だから）を使っていますが、ポールが話す前であれば、If you like architecture（もし建築がお好きなら）や If you like Japanese food（もし日本の食べ物がお好きなら）などの枠組みを作って答えることもできます。

　また、「清水の舞台」について、Have you heard of it? と聞いています。これは、まず相手の背景知識をチェックしてから、情報量を調節していく方法でしたね（本章1参照）。相手がもしこの「清水の舞台」という情報を知っていたら、具体的なイメージができるでしょうし、知らない場合は、この例のように説明を加えていけばいいですね。

あなたは、同僚のティムに次のような話をしています。この続きを考えてみましょう。

あなた： For Japanese, speaking English is extremely difficult, because Japanese is very different from English. For example, ＿＿＿＿＿＿＿＿＿

＿＿＿＿＿＿＿＿＿＿＿＿＿＿＿＿＿＿＿＿

（日本人にとっては、英語を話すことは非常に難しいのです。なぜなら、日本語は英語とかなり異なっているからです。たとえば、…」

（ヒント： 「たとえば、発音、文法、論理の構成です」などと答えればいいですね。できれば、個別の例についても説明を加えてみましょう）

【解答例】

1) For example, pronunciation, grammar, and logical structure.

2) For example, pronunciation, grammar, and logical structure. As for pronunciation, it's very hard for us to tell $r$ from $l$. Also, the structure of a sentence is completely different. In addition, you prefer conclusion-first style unlike our explanation-first style.

たとえば、発音、文法、論理の構成などです。発音に関しては、$r$ と $l$ の区別がとても難しいのです。また文の構造もまったく違っています。しかも、英語では、説明が先というわれわれのスタイルではなく、結論が先のスタイルが好まれますからね。

# 情報を具体的にしよう

【35】

　相手が知らない話題について話す場合のもう1つの有効な方略は、情報を具体的なレベルにまで落とし込むというものです。例をあげる方法に似ているのですが、この方略は、例をあげるのではなく、始めに一般的な情報を出し、それをより具体的な情報へと落とし込んでいく方法です。日本のコミュニケーション・スタイルは、一般的な情報やあいまいな情報でも、聞き手が推察して理解しようとしますが、英語圏の文化では、より具体的な情報が必要とされます。実際に、英語でコミュニケーションしていて、この違いに気づいたことはありませんか。

### ● 一般的な情報から具体的な情報へ

　次の例は、ジェイムズが、日本人留学生のミカに、イギリスと日本の雇用形態の違いについて話している例です。ジェイムズは日本に住んでいたこともあり、双方の文化の違いに詳しいので、日本では新卒採用中心だが、イギリスではもっと個人が重要なのだと、面接での違いを説明しているところです。

ジェイムズ*: In Western culture the individual is very important. So <u>they look at your experiences and see if you are a real individual</u>.

<u>Have you completed lots of challenges?</u>
<u>Have you tried to lead groups of people?</u>
<u>And have you shown initiative?</u>

西洋の文化では、個人が非常に重要なのです。そのため、あなた自身の経験や個人としてどうなのかが重要視されます。

多くの課題を克服してきたか、多くの人々のリーダーになろうとしてきたか、リーダーシップを見せられるかなどです。

　この例では、まず your experiences や if you are a real individual という「個人の経験や人となりが重要なのだ」という一般的な情報を出し、そのあとで、それが具体的にどのようなことなのか（課題の克服やリーダーシップなど）と説明を付け加えています。この方法は、英語で何かを説明する際によく使われます。

● より具体的な情報へ

　もちろんビジネスの場面でも有効です。次の例は、アメリカ人マネジャーが日本人マネジャーに、顧客満足と従業員満足の関係について話している例です。

> アメリカ人＊＊: If we have very <u>satisfied employees,</u>
> whatever that means—<u>motivated,</u>
> <u>productive</u>—then customers will
> recognize that and they are providing
> good, friendly support.
>
> もし、とても満足度の高い従業員がいれば— モチベー
> ションが高いとか、生産性が高いとかいろんな点にお
> いてですが—そうすれば、顧客もそれに気づくでしょ
> うし、従業員も気配りのある、いいサポートを顧客に提
> 供するでしょう。

　この例で、アメリカ人マネジャーは、まず satisfied employ-ees（満足度の高い従業員）という情報を出し、satisfied というのがどういうことなのか、もう少し具体的に motivated（モチベーションが高い）、productive（生産性が高い）と言い換えています。

　これによって、satisfied という解釈の幅の広い表現を、より具体的な情報へと落とし込み、相手の理解を促進するとともに、自分の伝えたい概念をよりはっきりと伝えています。

　それでは次に、この方略を使った会話への応用を考えてみましょう。

### ● 大きな質問から具体的な質問へ

　最初に大きな情報を出して、次により具体的な情報へと移行する方法は、相手への質問にも応用することができます。

ミカ：　　　Do you like Japanese food?
　　　　　　日本食って好き？

ナンシー：Yes, I love it.
　　　　　　うん、とっても。

ミカ：　　　What kind of food do you like best?
　　　　　　何が一番好き？

ナンシー：*Tempura.*
　　　　　　てんぷらかな。

　ここでミカは、まず「日本食って好き？」という大きな枠組みの質問をして、「好きだ」という情報を共有してから、「何が一番好き？」と、より具体的な質問に入っていますね。ほかにも「自分でも作るの？」とか「何のてんぷらが一番好き？」とか、どんどんと話題を発展させていくことができます。

　このようにいったん情報を共有すると、より具体的で詳しい内容へと進んでいくことができるので、自然な形で会話を進めていくことができるのです。

　ところで、てんぷらは、英語では deep-fried fish and vegetables となるので、覚えておきましょう。英語の fry というのは、もともと「加熱調理する」という意味で、必ずしも「揚げる」という意味ではないのです。だから frying pan （フライパン）と呼ぶんですね。

**練習問題** ·················································································· **36**

前のミカとナンシーの会話例で、次に続ける、てんぷらについてのミカの質問を3つほど考えてみましょう。

_____

_____

_____

·····························································································

【解答例】

1) Do you cook _tempura_ yourself?
   自分でもてんぷらを作る？

2) What kind of _tempura_ do you like (best)?
   どんな種類のてんぷらが (一番) 好き？

3) Have you tried _tempura_ at ABC Restaurant? It's very delicious.
   ABCレストランのてんぷらを食べたことある？ とってもおいしいんだよ。

注) * は Fujio (2011)、** は Fujio (2004)、藤尾 (2010) で発表された例に、若干修正を加えたもの。(本章5、6、7も同様)

Fujio, M. (2004). Silence during intercultural communication. _Corporate Communications, 9_ (4), 331-339.

Fujio, M. (2011). _Communication Strategies in Action: The Negotiation, Establishment, and Confirmation of Common Ground._ Tokyo: Seibido.

藤尾美佐 (2010) 「外資系企業の会議における日米間の意味交渉」『国際ビジネスコミュニケーション』丸善出版。

# 別のフレーズ（句）で言い換えてみよう

同じ内容を別の表現で言い換える方略を「パラフレーズ」(paraphrase) と呼びますが、ここでは、その方法をご紹介しましょう。パラフレーズは、相手の言語能力に配慮して、ネイティブが使う場合もありますし、われわれがうまく表現できなかったときに、別のことばで言い換えて、わかってもらう場合にも最適です。

## ● 質問を言い換えてみる

次の例はスティーブが、日本人留学生のミカに、日本では長期休暇が少ないので、短い休暇の間にどこに行くのか、何をするのか尋ねている場面です。

スティーブ *: Because you have short holidays, where do the Japanese people go for leisure?

If you have only two or three days holiday,

it wouldn't be justified to go somewhere far.

So where does a typical Japanese person go?

日本では短い休暇しかないので、日本の人々は、休暇にどこ

に行くんですか？休暇が2、3日しかなければ、遠いところまで行ってもしかたがないですよね。一般的にはどこに行くものなのですか？

　この例では、「日本の人々は休暇にどこに行くのですか？」という同じ内容の質問を、下線部2か所で言い換えています。また、「日本では短い休暇しかないから」という内容を、破線部で言い換えていますね。まずはじめに、Because you have short holidaysと表現したのを、2回目は、If you have only two or three days holiday（休暇が2、3日しかなければ）と言い換え、さらに it wouldn't be justified to go somewhere far.（遠いところまで行ってもしかたがないですよね）と説明を加えています。そして、再び言い直した形（So where does a typical Japanese person go?）で、質問しています。

　スティーブは、ネイティブの友人と話す場合には、こういう質問のしかたをしないけれども、留学生の人たちと話すときは、その人の英語力を考えて、こういう言い換えを行うことがあると話していました。ネイティブの人もこういう方略を使っているのですね。

　この例では、さらにこのあとに、前節で取り上げた、情報を具体的に提示する方法も用いていました。

スティーブ*：So where does a typical Japanese person go?
Do they travel around Japan?
Or do they go to nearby islands?

96

一般的にはどこに行くものなのですか？　日本の国内で
すか。それとも、近くの島とかですか？

　まず、「どこに行くのですか？」と大きな質問をしておいてから、
「国内なのか、近くの島なのか」と質問を具体化していますね（Do
theyとtheyで受けているのは、日本の人々を複数で捉えているた
めです）。

　このように、この章でご紹介しているいくつかの方略を組み合わ
せて、使うこともできるのです。特に相手に質問するときなど、役
に立つ方法ですね。

### ● 自信のない語を言い換える

　言い換えは、自分の言った表現に100％の自信がないときにも使
えます。別のことばで言い換えることによって、相手の理解を確実
なものにすることができるのです。

　次の例は、ミカがスティーブに、新聞報道についての話をしてい
る場面です。

ミカ＊：　Those articles were so <u>critique</u> or <u>cynical</u>
or <u>not so warm</u>.
それらの記事はとても批評（している）というか、皮肉っぽい
というか、温かくない記事でした。

　ここでミカは、批判的（critical）というつもりで、critique
（批評）と言ってしまったのですが、この使い方でいいのかどうか不
安になったので、よく似た単語を重ねて使い、もともと言いたかっ

た critical という内容を相手に伝えています。

## ● 訂正して言い換える

このミカの例で、もしミカが critique と言った瞬間に間違いに気づいたら、これをうまく訂正し、次の cynical という語につなげていく方法があります。こういうときに使うのが、I mean です。その場合はこのようになります。

> ミカ： Those articles were so critique, <u>I mean</u>,
> cynical or not so warm.
> それらの記事はとても批評（している）、つまり、皮肉っぽいというか、温かくない記事でした。

I mean は、このように前に出した語を、より正確に説明する場合や、より詳細に説明する場合に使われます。

こういう方略を覚えておくと、表現に詰まったときにも、問題なく乗り切っていけますね。

**練習問題** ............................................. **38**
次の日本語を、I mean を使って表現しましょう。

「こちらの三角、いや、四角を見てください」

―――――――――――――――――――――――――――――――――

【解答例】 Please look at this triangle, I mean, rectangle.

# 繰り返しの使い方

**39**

　ここでは、よく似た表現を繰り返すことによって、自分の強調したいポイントを伝える方略と、同じ構文を繰り返すことによって、リズミカルに情報を伝えていく、繰り返しの効果を考えてみましょう。

● 繰り返しによる強調

　次の例は、ジェイムズが、日本人留学生のミカに、ウェールズ語を話せる人が少なくなっているので、政府が保護しようとしていると話している場面です。

> ジェイムズ*：They have all programs in Welsh, and <u>the government subsidizes it</u>.
> すべての番組がウェールズ語で、政府がそれに補助金を出しているのです。
>
> ミカ： Oh really? It is because ...
> そうなんですか。その理由は・・・。
>
> ジェイムズ： <u>Just to help the language</u>.
> <u>It's all subsidized by the government</u>.
> Because they decided <u>to keep the Welsh language, and they didn't want to lose it</u>.
> But not many people speak the

99

> language, so the government
> subsidizes a lot of money,
> just to help their culture and
> to preserve the language.
>
> その言語を援助するためです。すべて政府によって補助
> されています。なぜなら、政府はウェールズ語を守ろうと
> 決意し、消滅させたくなかったからです。
> でも、多くの人がそのことばを話せるわけではないので、
> そのため、政府が多額の補助金を出して、ウェールズの
> 文化を助け、ウェールズ語を守り抜こうとしているのです。

　この例では、「政府がウェールズ語の番組に助成金を与えている」
（下線部）という点と、「ウェールズ語や文化を守りたいから」（破線部）
という2点がポイントになっていて、ジェイムズは少しずつ言い換
えを行いながら、よく似た表現を何度か繰り返しています。これは、
2つの点をミカにしっかり理解してもらうために、繰り返し強調し
ているんですね。

　特に異文化間のコミュニケーションでは、背景知識を共有してい
ないので、相手が「まさか」と信じられない面持ちで話を聞いてい
ることがあります。こういう場合は、このように何度か同じことを
繰り返し、できれば単調にならないように少しずつ表現を換えなが
ら、説明を加えていくのも、ひとつの方略です。


● 同じ構文を重ねてリズムよく
　上の例は、よく似た表現を繰り返す方法でしたが、もうひとつ、
同じ構文を重ねることによって、わかりやすく、そしてリズムよく

情報を伝えていく方略があります。

　次の例は、同じくジェイムズが、日本人留学生のミカにイギリスの大学入学制度について話をしている場面です。

> ジェイムズ*: It's very strange because you study for two years,
> <u>and you take</u> the advanced level <u>in June</u> of your last year,
> <u>and you get</u> the results <u>in August</u>,
> <u>and you go</u> to university <u>in September</u>.
> But you have to apply for university before you take the exams, so you have to guess what results you are going to get.
> とても不思議なシステムなのです。というのも2年間大学で勉強し、最後の年の6月にアドバンス・レベルのテストを受け、8月に結果をもらって、9月に大学に行くのです。でも、テストを受ける前に大学に願書を出さなければならなくて、そのため、テスト結果を自分で推測しなければならないんですよ。

ジェイムズは説明の中で、

・and you take ... in June,

・and you get ... in August,

・and you go ... in September.

と、同じ構文を3回繰り返しています。短い、同じ構文の文が繰り返されるので、聞き手の頭にはすんなりと情報が入ってきますね。この場合は特に、時系列的に話を進めているので、何が起こっているかがわかりやすくイメージされます。

　話しことばは書きことばと違って、限られた時間の中で情報を処理しなければならないので、この方法は、聞き手の情報処理という観点からもわかりやすいですし、また構文を作っている側（話し手）にとっても、同じ構文を使うので、情報の作成が簡単になります。

　また、この例は、本章4で紹介したように、情報を具体化している部分でもあります。まず strange という情報を出して、それがどのように strange なのか詳細に説明している部分です。このように、情報を具体化するときにも繰り返しの方略を使うことができるんですね。

**練習問題** ......................................................... 🎧40

　あなたは同僚のエミリーに出張についての話をしています。続きの下線部を英語にしてみましょう。

あなた：　This month, I'll be extremely busy. I'm going on a business trip, literally, every week.

_____

_____

今月は本当に忙しいのです。文字どおり、毎週出張なので。<u>1週目は京都、2週目は福岡、そして3週目は香港です。</u>

First week I'm going to Kyoto, second week to Fukuoka, and third week to Hong Kong.

下線部はまったく同じ構文の繰り返しとなるので、second week、third week の I'm going to は省略した方が自然な英語になります。1 章の〔コラム①〕で述べた会話の法則によるものです。

# 比較して違いを引き立たせる

最後に、2つのものを比較することによって、違いを引き立たせる方略を考えてみましょう。

## ● 知っている情報から知らない情報へ

何かについて説明をするとき、まず相手の知っている情報を共有して（本章1参照）、そのあとに違いを示しながら新しい情報を提示すると、相手にとっては非常にわかりやすくなります。

本章4で紹介した、イギリス人ジェイムズが日本人留学生のミカに、イギリスと日本の雇用形態の違いについて話している例をもう一度考えてみましょう。この部分は、本章4で紹介した部分の直前の部分なのですが、ジェイムズはまず日本の状況の説明から入っています。

> ジェイムズ*：I think the business philosophy is different.
>
> People say that Japan has more of a group mentality. To be part of the group is very important.
>
> But in Western culture the individual is very important. So they look at your experiences and see if you are a real

individual.

ビジネスに関する考え方が違うのです。

日本は、よりグループ中心の考え方をすると言われていますよね。グループの一部であることが非常に重要なのです。

でも、西洋の文化では、個人が非常に重要なのです。そのため、あなた自身の経験や個人としてどうなのかが重要視されます。

　この例でジェイムズは、まず聞き手であるミカがよく知っている日本の状況を説明し、日本の「グループ中心の文化」という情報と対比する形で、西洋の「個人が中心」という考え方を提示しています。このようにまず、聞き手がよく知っている情報を提示し、それと対比する形で新しい情報を出せば、違いが引き立てられ、聞き手には鮮明なイメージとして入ってきます。

● マイルドな比較（「一方では 〜、他方では 〜」）

　それでは次に、対比をする際の具体的な表現を見ていきましょう。

　まず、ゆるやかな対比の表現から考えていきましょう。「一方では〜だが、また他方〜でもある」という、2つの状況を対比させ、比較的同じ重みづけで2つのことを説明する場合です。これには、On the one hand 〜 , on the other hand 〜 や While という表現があります。さきほどの例に出てきた group mentality については、たとえばこんなふうに言うことができます。

*On the one hand*, group mentality encourages employees to contribute to the organization. *On the other hand*, it ties employees to the organization and its various obligations.

　一方で、グループ中心の考え方は、従業員が組織に貢献することを促しますが、また他方、従業員を組織やさまざまな義務に縛りつけることにもなります。

これを、Whileを使って表現すると、次のようになります。

*While* group mentality encourages employees to contribute to the organization, it also ties up employees to the organization and its various obligations.

なお、Whileに導かれる節は、このように文頭に置くことも、後ろに置くこともできます。

### ● ドラマチックな比較（「それどころか」）

　上の例でみた on the other hand という表現が、2つの状況を対比させて、比較的同じ比重で両者を説明するのに対し、二者を対比させて、片方を強調する方法もあります。その代表的なのが、on the contrary（それどころか）という表現です。これは、しばしば on the other hand と混同されるのですが、意味合いが違ってくるので注意しましょう。On the contrary の場合は、「それ

とは逆に」と前の部分を否定して、その次に提示する状態を強調
する言い方です。

    His mistake was not a small one; *on the contrary,*
it caused serious damage.
    彼の失敗は小さなものではなかった。それどころか、重大な損失を招いた。

　この例では、まず small（小さい）という情報を提示して、その
あとに、「小さいどころか重大な」損失を招いたと、逆の情報を提
示することによって、情報を対比させ、後者をさらに際立たせる方
法です。単に、His mistake was a serious one.（彼の失敗は
重大なものだった）というより、はるかにドラマチックな表現になって
いますよね。
　このように、2つのものの対比や強調のしかたを覚えると、表現
力がぐっとアップしますので、ぜひ使いこなせるようになりましょう。

**練習問題** ··················································· **42**
　次の2つの文を英語にしてみましょう。

1) 彼は一方で、思いやりのある人だが、他方、なかなか決断できな
　いんだ。

    _____

2) 彼は正直な人ではない。それどころか、うそつきだ。

    _____

··································································

【解答例】

1) On the one hand, he is very considerate. On the other hand, he is very indecisive.

2) He is not honest; on the contrary, he is a liar.

# 会話の構成

　「談話」または「ディスコース」ということばを聞いたことがあるでしょうか。ひと言で説明すると、1文以上のかたまり、つまり文と文がいくつか構成された形です。1文の日本語を英訳することには慣れていても、文と文をどう構成すればいいのか難しいと思うことはありませんか。会話であってもそれは同じですね。長い話をする場合などには、文と文の構成、つまり情報の提示の仕方を工夫しないとうまく伝わりません。そこで、談話を構成する際に道しるべとなる「談話標識」について考えてみましょう。

　談話標識とは、（さまざまに定義されていますが）言ってみれば、交通整理をする信号のようなものです。ずっとまっすぐな道を運転し続けているとだんだんぼんやりしてきますね。そういうときに、「そろそろ止まる」とか「右に曲がる」とか、そういう道しるべのような役割を果たしてくれるものなのです。つまり、これから先、どのように話が展開されていくかを示してくれるものなのです。

　ここでは、その中でも特に重要な、序数詞と接続詞について取り上げてみましょう。

　本章では、たとえば、There are three reasons. と枠組みを作ってから、First, Second, Third ... と順序を示して説明していけばわかりやすいと紹介しましたが、このように順番を示す

序数詞を使用することによって、談話の構成を示すことができますし、また情報をまとめやすくなります。

　もうひとつ非常に重要なのが、接続詞です。たとえば、文の始めに So が来たら、その次には、これまで出てきた情報のまとめや結論のようなものが来ると推測できます。反対に、But, However などが来ると、これまでの情報とは逆の情報が来るとわかりますね。

　代表的な接続詞を整理しておきましょう。

　1) 情報を追加する場合：and, in addition, moreover など。
　2) 反対のことを述べる場合：but, although, however など。
　3) 理由を述べる場合：because, as, since など。
　4) 具体例をあげる場合：for example, for instance など。
　5) 対比する場合：while, on the one hand/on the other hand, in contrast など。
　6) まとめる場合：so, therefore, in summary など。

　このように、道しるべとなる談話標識をきっちりと catch して、リスニングに生かすとともに、話すときにもこれらを活用して、わかりやすい談話の構成を考えてみましょう。

# 第4章

# 相手の気持ちに配慮するには？

　英語は日本語と比べ、直接的な表現が多いと思われがちですが、英語でも相手の気持ちに配慮して、表現を和らげる緩和表現や、相手の立場や相手との関係を考えた丁寧な表現があるのです。また英語では、こうした「気づかい」の表現だけでなく、相手との距離を積極的に縮めていくことも人間関係を維持していく上で重要だと考えられているため、相手をほめたり、ジョークを言ったりなど、「親しみ」を増すための表現も非常に重要です。これらは、「ポライトネス」(politeness) という考えに基づいています。この章では、このような、相手の気持ちに配慮した英語表現を考えることにしましょう。

# 言いにくいことを切り出す

43

　第3章では、どうすればわかりやすくメッセージを伝えられるか
をご紹介しましたが、この章では、どうすれば相手の気持ちに配慮
した会話ができるのかを考えていきましょう。

## ● 前置きしてから言おう

　はじめに、言いにくいことやショックなニュースを伝える場合を
取り上げましょう。日本語で、相手にとって悪いニュースを伝える
場合は、かなりの前置きをします。時には、はっきりとその事実を
告げず、長々と背景事情を説明して、相手に推察してもらおうとす
る人もいますね。

　英語でも、相手にとって都合の悪いことや言いにくいことを伝え
る場合は、伝える内容の前に I'm afraid や I'm sorry (to say
this)「残念ながら…です」「申し上げにくいのですが、…です」
などの前置きをしてから話を始めます。

　たとえば、次の例は、山田さんがABC社に電話したときの会話
です。

---

山田：　Could I speak to Mr. Smith? I'm Shinji
　　　　Yamada of XYZ Company.
　　　　スミスさんとお話しできますか？ XYZ社の山田慎二と申します。

相手：　Mr. Smith? We don't have a Mr. Smith in

---

our office. I'm afraid you're calling the
wrong number.

スミス？ スミスという者はわが社にはおりませんが。申し上げ
にくいのですが、間違った番号におかけではないでしょうか？

山田： Really? Is this 8765-1234?

あ、そうですか？ この番号は8765-1234ですよね？

相手： No, it's 8765-1235.

いえ、8765-1235番です。

山田： Oh, I'm very sorry.

ああ、そうですか？ まことに申し訳ありませんでした。

相手： No problem.

いいえ、どういたしまして。

　ここでは、間違った番号に電話しているという、相手のミスを指
摘するような内容を伝えなければならないので、I'm afraid（申し
上げにくいのですが）と前置きをし、そのあとに、you're calling
the wrong number. と続けています。

　このように、伝える内容の前に、I'm afraid や I'm sorry (to
say this) または I hate to say this などの表現を置いて、次に
話す内容を和らげます。

● I'm afraid の応用形

　I'm afraidは上のように前置きとして使われるほか、I'm
afraid so. や I'm afraid not. などの形でもよく使われますので、
ここで、その例を見てみましょう。

山田さんが上司と11時からの会議に向かっているのですが、遅刻しそうな気配です。

> 上司： It's 10:40. Will we be late?
> 10時40分だ。遅れそうだな。
>
> 山田： I'm afraid so. Shall we take a taxi?
> 残念ながら、そのようですね。タクシーで行きましょうか？

この例では、上司の言う「遅れそうだな」という状況に同意しているので、I'm afraid so. と言っています。つまり、部長のことばを肯定しているので、so を使います。

では、次の例ではどうでしょうか、

> 上司： It's 10:40. Can we make it in time?
> 10時40分だ。間に合うだろうか？
>
> 山田： I'm afraid not. We will arrive at about a
> quarter past eleven.
> 残念ながら、無理だと思います。到着は11時15分ころじゃないでしょうか？

ここでは、上司が「間に合うだろうか？」と言っていることに対し、それを否定しているので、I'm afraid not. となります。つまり、I'm afraid we cannot (make it in time). を短くした形なのです。

このように、I'm afraid とひと言付け加えるだけなのですが、

単に Yes や No と答える場合と比べてみると、相手の感情を考えた、やわらかい表現になります。ぜひ使いこなせるようになりましょう。

**練習問題**

レストランの禁煙場所でたばこを吸っている人がいます。英語で次のように言ってみましょう。

「すみませんが、ここは禁煙エリアなのですが…」

_____

【解答例】

(Excuse me, but) I'm afraid this is a non-smoking area. または、
I'm sorry (to say this), but this is a non-smoking area.

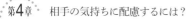

## 反対するときは控えめに

🎧45

　人間には、他者に自分の意見や行動を認められたいという基本的な欲求があるため、それを損ねるような状況になった場合、相手の面子を傷つけないように、さまざまな配慮（ポジティブ・ポライトネス）が必要となります（コラム④参照）。特に、会議などで相手の意見に反対する場合、相手の気持ちに配慮して表現を和らげなければなりません。では、どのような表現が適切なのでしょうか？

### ● 緩和表現で前置きをして

　前節では、相手に言いにくいことを伝える場合に、I'm afraid や I'm sorryをつける方法を紹介しましたが、相手の意見に反対する場合にも、同じ表現を使います。

---

相手： So, should we go ahead with the deal?
　　　では、この取引を進めましょうか？

山田： Well, I'm afraid I cannot agree. There are more disadvantages than advantages.
　　　うーん、残念ながら私は賛成できません。利益よりも不利益の方が多いからです。

---

　ここで山田さんは、I cannot agree.（賛成できません）という表現の前に、I'm afraid（残念ながら）という緩和表現を使っていま

す。こういう緩和表現を使わずに、直接 I cannot agree と言った場合を考えてみましょう。これは、かなりまっすぐ切り込んだ、きつい調子に聞こえます。I'm afraid ということばをひと言入れるだけで、ずいぶんトーンが変わります。

また、話し始める前に、Well と言っていますが、言いにくいことを言う場合、または相手の誘いを断る場合などは、すぐに返答するのではなく、Well などと前置きして、若干躊躇する雰囲気を出した方がいいですね。

このほかに、いったん相手の意見に賛成したり、相手の意見を尊重してから、「こうすればどうでしょう？」と提案していく方法もあります。上の例を使うとこんなふうになりますね。

---

相手： So, should we go ahead with the deal?
では、この取引を進めましょうか？

山田： We are on the right line. But perhaps we should further discuss advantages and disadvantages before going ahead.
その方向でいいとは思いますが、その前に利益と不利益をもう少し話し合うべきではないでしょうか？

---

この例では、We are on the right line.（その方向でいいと思います）と相手の意見にまず賛成してから、「でも、～すべきではないでしょうか？」と自分の意見を主張していますね。同じ内容は we are heading in the right direction. とも表現できます。

● 反対や不同意を限定的にする

反対意見を述べるときに、それを緩和するもう1つの方法として、反対や不同意を限定的にするという方法があります。

次の例では、on this point（この点においては）と限定して反対意見を述べています。

I cannot agree with you on this point.
この点においては、あなたに賛成できないのです。

このように主張すると、「ほかの点では賛成だけれども」というニュアンスをかもしだし、相手の意見に真っ向から反対しているのではないということを伝えることができます。

また、副詞を使って部分否定の表現をすることによって、同じような効果を出すこともできます。

I cannot fully agree with you.
あなたの意見に全面的には賛成できません。

ここでは fully という副詞を入れることによって、「全面的には賛成できない」という部分否定の意味になり、反対の度合いを和らげています。この fully の代わりに totally と表現しても同じですね。

よく似た表現として、I'm not fully convinced（全面的に納得したわけではない）というのもあります。たとえば、

I'm not fully convinced of your idea.

あなたの意見に全面的に納得したわけではありません。

というように使います。

　このように、反対意見を述べる場合にも、さまざまな緩和表現を駆使して、相手の立場や面子などに配慮した表現をすることができるのです。とはいえ、ビジネスの場では、ポライトネスに配慮するだけでなく、ビジネスの視点からしっかりと主張しなければならないことも多いので、そのバランスを考えながら、丁寧度を調節できるようになればいいですね。

**練習問題** ...................................................................... **46**

　次の社内会議でのBさんの意見を英訳しましょう。

A:  I think we should hire Ms. Brown. She has expertise in marketing.

　　ブラウンさんを採用するべきだと思います。彼女はマーケティングの専門知識を持っていますから。

B:  ＿＿＿＿＿＿＿＿＿＿＿＿＿＿＿＿＿＿＿＿＿＿＿＿＿

　　残念ながら、賛成できません。専門知識という点では、田中氏の方がいい候補者だと思います。

..............................................................................................

【解答例】

I'm afraid I don't agree. Mr. Tanaka is a better candidate in terms of expertise.

　I'm afraid I cannot agree. より I don't agree. とした方がさらにトーンがやわらぎます。状況に応じて使い分けましょう。

# 同意するときは強調して

相手の意見に反対する場合に緩和表現を使うことはわかりましたが、逆に、相手に賛同する場合には、ポジティブ・ポライトネスという観点から、どのように同意を強調していけばいいのでしょうか？　ここでは、実際の表現を考えてみましょう。

## ● 副詞を効果的に使おう

前節では、fully や totally を否定形と組み合わせて部分否定にすることで、反対意見を限定的にする方法をご紹介しましたが、同じ副詞を肯定文で使えば、それを強調する意味になります。

I totally agree with you.
あなたの意見に全面的に賛成します。

この totally は agree を修飾していて、「全面的に賛成します」という意味になります。totally に代えて、fully や completely を使っても同じです。

また、次のような表現もできます。

That's exactly what I think.
それはまさしく私の考えていたことです。

I cannot agree more.
これ以上賛成できないくらいです⇒大賛成です。

このように、「全面的に」とか「まさしく」という意味の副詞を使うことによって、賛成を強調することができるのです。

## ● 賛成の度合い

とは言え、必ずしもいつも相手の意見に全面的に賛成できるわけではありません。とりわけビジネスなどの場面では、賛成の度合いを正確に表現する必要があります。ここでは、強い賛成から弱い賛成までの度合いを考えてみましょう。

1) I totally agree with you.
   あなた（の意見）に全面的に賛成です。

2) I agree with you on this point.
   この点においてはあなたに賛成です。

3) I share your point of view.
   私もそう思います／おっしゃりたいことはわかります。

4) I have no objection to that.
   それについて反対意見はありません。

上の4つの例では、1) の文は全面的な賛成を示していますが、それ以外のものについては、賛成のトーンが下がっています。

2) の on this point は、「この点においては」と賛成を限定的なものにしていますし、

3) の share your point of view では、「あなたの見解を私も共有している」というニュアンスで、あとに続く内容によって、賛成にも反対にも話を進めることが可能です。たとえば、

> I share your point of view. But we should also
> consider disadvantages when making a deal.
>
> おっしゃることはわかりますが、取引を結ぶ際には、それによる不利益
> も考えておかないといけませんよね。

と続けば、むしろ反対意見を穏やかに提示するための前振り（いっ
たん相手の意見を尊重する姿勢）にもなります。

4) の例でも、no objection（反対意見はない）という消極的な賛
成です。

このように、賛成意見と言っても、表現のしかたによってさまざ
まな度合いを示すことができるのです。

● 積極的にほめよう

人間には、自分の言動や行動を他者にも認めてもらいたいという
欲求が根底にあるという話をしましたが、そのため、相手をほめる
こともポライトネスの重要な要素です。英語圏の人たちは、われわ
れからすると大げさなくらい、ほめる表現を使います。そんなとき、
何と答えればいいでしょうか？

---

ナンシー： I like your necklace.
あなたのネックレス素敵ですね。

あなた： Not at all. This is very cheap.
とんでもありません。安物なのです。

---

こんなふうに謙遜していませんか。もちろんこのように答えた場

合でも、相手は、But I like the design.（でもデザインが素敵です）
などと言ってくれるとは思いますが、次の例のように話した方が、
会話が弾んで人間関係はよくなりますね。

---

ナンシー： I like your necklace.
あなたのネックレス、素敵ですね。

あなた： Thank you. I am very pleased with it.
It was very cheap but I like the design.
Actually, I bought this in Greece.
ありがとうございます。うれしいです。安物なのですが、
でもデザインを気に入ってるんです。実はギリシャで買っ
た物なのですよ。

---

　この例では、相手のほめことばを否定するのではなく、まずほ
めことばにお礼を言って、その後「デザインが好きだ」とか「ギリ
シャで買った」というふうに、相手のほめことばに乗っかって、新
しい情報を付け加えています。このように答えると、Oh, Greece
is a nice place for shopping.（ギリシャは買い物に最適な場所です
よね）などと会話がさらに広がり、円滑なコミュニケーションができ
ます。
　ところで、日本人の男性は、「あなたの奥様はとても美しい」と
ほめられた場合に、必死になって否定しますが、これもやめた方が
いいですね。英語圏のポライトネスにも反しますし、万が一、奥様
に聞かれた場合、また別の物議をかもす可能性もありますので。

**練習問題** ············································································ **48**

次の会話のBさんの反応を英訳しましょう。

A: We worked so hard today. Why don't we go out for a
  beer?

  きょうはよく働いたね。ビールでも飲んで行かない？

B: _____

  大賛成。いますぐ飲みたいくらい。

·····················································································

【解答例】　I cannot agree more. I can't wait!

　「大賛成」はほかにも Great idea! などでもいいですね。

# 依頼するときは丁寧に

49

　人間には他者から認められたいという欲求とともに、自分の権利や行動を他者に侵害されたくないという欲求もあると言われています。そのため、たとえば、だれかに何かを依頼する場合など、この欲求を侵害しかねない状況になったときも、特別な配慮（ネガティブ・ポライトネス）が必要となり、さまざまな表現上の工夫がなされます。ここでは、依頼のときのポライトネスについて考えてみましょう。

## ● 丁寧な表現は立場や関係によって異なる

　たとえば、「約束の時間を変更してほしい」という場合、友人に頼むときと、先生や上司、または取引先に頼む場合では、異なった表現を使いますよね。これは、相手によって、より正確に言うと、相手の社会的地位やあなたとの関係によって、どれだけ丁寧に言うか、表現が変わることを意味しています。

　また、同じ相手にでも、頼みごとの内容で、おのずと表現が変わってきます。たとえば、親しい友人に「100円貸して」と言う場合と、「車を貸して」という場合では、頼み方が変わりますよね。おそらく、後者の場合は「できればでいいんだけど」のような緩和表現をつけ、相手に選択肢を持たせる形で依頼するでしょう。

　このように、何かを依頼するときなど、だれかの権利や行動を侵害するような状況になった場合、できるだけ選択肢をつけて、相手に強要しないようにするのが基本です。そして、その際の表現は、

125

相手の社会的地位、あなたとの関係、相手にどの程度負担をかけるか、などによって異なってきます。

### ● 「お水をください」と言う場合

それでは、例をあげながら表現を考えてみましょう。

カフェで「お水をください」と言うとき、あなたはどう表現しますか？

Water, please.

でしょうか？　これでも、カフェなら問題ありませんね。お店の人に頼める立場にあるからです。でも、同じ表現を友人宅で使うと、ちょっとびっくりされるでしょう。なぜならこれは、(Give me) water, please. という「命令形」で、あなたは命令する立場にないからです。それでは、

I want some water.

でしょうか？　これもあまりよくありません。この文は I want と「要求」する文だからです。友人宅でお水を欲しいという場合、最適なのは、

Can I have some water?
または
Can I have a glass of water?

でしょう。これは、Can I ～？（～できますか？）という「許可」の形を取っているので、相手に選択権を与えている点で、丁寧な表現になります。

　命令文でも please を付ければ丁寧になると考えている人も多いのですが、実はそうではないのです。このように文の機能（命令か、要求か、許可かなど）がポライトネスには非常に重要なのです。

### ● Can you ～？と Can I ～？の違い

　それでは次に、「約束の時間を変更できますか？」とお願いする場合を考えてみましょう。あなたは、次のどちらの表現を使いますか？

1) Can (could) I change our appointment?
2) Can (could) you change our appointment?

　日本語では、Can you ～？ / Could you ～？（～していただけますか？）という表現は非常に丁寧な表現ですが、英語では、Could you ～？は相手に何かを「依頼」する表現です。「依頼」というのは、その人が他者に依頼できる立場にあることを意味します。そのため、こういう場合、ネイティブ・スピーカーは、Can I ～？や Could I ～？という「許可」の表現を使います。もちろん Can I ～？より Could I ～？の方が丁寧になります。さらに、主語を we にして、Can we ～？または Could we ～？とすることも多いですね。

　取引先などにお願いする場合は、さらに丁寧な表現が必要とされるので、次のような表現を使用することもできます。

I was wondering if I could change our appointment.

約束を変更できないかと考えているのですが。

　ここでは、If 節の中を could にして、「もし可能であれば」というニュアンスを出し、I was wondering で「～のように考えているのですが」という婉曲的な表現を使っています。非常に丁寧な表現です。

## ● ポライトネスの万能薬は？

　ここまでの説明でもうお気づきかもしれませんが、ひと言で言うと、表現が長くなるほど丁寧度が増す傾向にあります。しかし、これらすべての丁寧度を使い分けるのは至難の業です。そこで、万能薬をお教えしましょう。

　たとえば、道を聞くとき、上でご紹介した「許可」の形を使って、Can I ～ ？ または Could I ～ ？ と始めると、そのあとに文を続けるのが難しいですね。このように「許可」の形を取ることが難しい場合は、「依頼」の Could you ～ ？ を使って、次のように表現しましょう。

Could you (please) tell me how to get to the station?

駅までの道を教えていただけますか？

　Could you ～ ？ は「依頼」の構文ではありますが、助動詞couldを使い、また疑問文の形を取っているので、丁寧度が高く、かなり広範囲に使える表現です。まず、万能薬と言っていいでしょう。

「きょうの待ち合わせを6時から7時に変更してもらえますか？」という英語を、次の2つの場合でそれぞれ考えてみましょう。

1）友人の場合

_____

2）仕事上の取引先（または先生）の場合

_____

.........................................................

【解答例】

1) Can we change our appointment today from 6 to 7? など。

2) Could we change our appointment today from 6 to 7?
   Is it possible to change our appointment today from 6 to 7?
   I was wondering if I could change our appointment today
   from 6 to 7. など。

.........................................................

【解説】

　電話などでこういう話をする場合は、最初に、As for the appointment todayなどと、何の件で話したいのかを言うと、相手がより理解しやすくなるでしょう。たとえば、このようになります。

　As for the appointment today, I was wondering if I could change it from 6 to 7.

# 誘いをうまく断るには

ここでは、相手から誘いを受けた場合に、相手の感情を損ねることなく、うまく断る方法を紹介しましょう。これもポジティブ・ポライトネスの1つです。

## ● 否定の度合いを弱める

相手からの誘いや提案を、直接的な表現で断ると気まずくなりますが、かといって「本当は行きたくない、やりたくない」と思うこともありますね。そういう場合に、相手の顔を立てながらうまく断るにはどうすればいいでしょうか？

例を見てみましょう。あなたは、同僚のスティーブからコンサートに誘われたのですが、実はクラシック音楽があまり好きではなく、気乗りがしません。でも、せっかく誘ってもらったので、スティーブの気持ちも傷つけたくありません。どう答えればいいでしょうか？

> スティーブ： I have two tickets for a concert. Do you like classical music?
> コンサートのチケットを2枚持っているのですが、クラシック音楽は好きですか？
>
> あなた： Not really. To tell you the truth, I don't really like it. Thanks for your invitation, anyway.

> そんなに。正直なところ、あまり好きではないのです。い
> ずれにしても、誘ってくれてありがとう。

　ここで、あなたは、Not really.（そんなに）を使ってやわらか
く断っています。もしここで、ひと言 No と言われたら、せっか
くの好意を拒絶された気になるかもしれません。しかしここでは、
really という副詞をつけて、Not really. と言うことによって、「そ
んなには、それほどには」と、否定の度合いを弱めています。

　それに続いて、「クラシックがあまり好きではない」と説明して
います。英語では、相手の誘いや提案を断る際は、理由を述べる
ことが大切です。さらに、「誘ってくれてありがとう」と相手の親
切にも言及していますね。ここで really という副詞が2度出てき
ていますが、really は置かれる位置によって否定の度合いが変わ
りますので、次の節（第4章6）でも詳しく説明します。

　副詞を使って否定をやわらかくする方法として、not actually
（実際そうでもない）もよく使われます。

---

スティーブ： You look great in red. Is it your
　　　　　　 favorite color?
　　　　　　 赤がよく似合いますね。赤が好きなんですか？

あなた： 　　Not actually. My favorite color is blue,
　　　　　　 but today I'm in a mood of red.
　　　　　　 そうでもないんです。実は好きな色は青なんですが、今
　　　　　　 日は赤の気分なんです。

　ここでは、「赤が好きなんですか？」と聞かれて、「(実際) そうでもない」と答えていますが、No とひと言答えるよりはずいぶんやわらかいですね。

　Actually はまた、「実際のところ」「本当のところ」という意味で、Actually, my favorite color is blue. But today I'm in a mood of red. というように、会話の冒頭にもよく使われますので、一緒に覚えておきましょう。

### 🔵 誘いを保留する

　予定がどうなるかわからない場合や、一緒に行くメンバーなど、もう少し情報を引き出してから返答したい場合は、前にご紹介した It depends. が使えます。

　次の例は、あなたが、同僚のクリスに仕事のあとに食事に誘われた場面です。

> クリス：　We're going out tonight. Would you like to join us?
> 　　　　　今晩食事に行くんだけど、一緒に来ませんか？
>
> あなた：　It depends. If I can finish my work, I'd love to.
> 　　　　　状況次第なんです。もしそれまでに仕事が終われば、行きたいんですが。

　ここで、あなたは、まず It depends.（状況次第です）と、現段階で何とも言えない状況にあることを伝え、次に if を使って、「もしこういう状況になれば可能だけど (そうでなければ無理)」と伝え

ています。これによって、今後どちらになるかわからないことを示唆しています。その次の I'd love to は（本章7で詳しく説明します）、行きたいけれど実際には行けない場合も、本当に行こうとしている場合にも両方に使うことができる表現です。このような表現を使って、相手からの誘いをいったん保留し、自由自在に乗り切りたいものですね。

**練習問題** ........................................................................................ **52**

次の会話例で、Bのパートを英語で言ってみましょう。

A: Great presentation! You must have spent hours for preparing.
　素晴らしいプレゼンテーションでした。準備に多くの時間を費やされたのでしょうね。

B: _____
　そうでもありません。スタッフ全員が手助けしてくれましたので。

........................................................................................

【解答例】　Not really. All the staff helped me.

# 気持ちの強弱を自在に表現しよう

(53)

　ここまでポライトネスを考えた表現をいろいろと紹介しましたが、ここでは副詞を使って、気持ちの強弱をさらに自在に表現できるようになりましょう。

## ● really の置かれる場所で意味が変わる

　前節では、not really を取り上げましたが、実は、この really は置かれる場所によって、異なった感情を表します。次の2文を比べてみましょう。それぞれどういう意味になるでしょうか？

1) I don't really like him.
2) I really don't like him.

　まず、1) は前節でご紹介した not really と同様に「私は彼のことがそれほど好きではない」という意味になります。この文では、really（本当に）が like を修飾していて、その状態（本当に好き）を否定しているので、「本当に好きなわけではない（それほど好きではない）」という意味になります。

　一方で、2) は、really が don't like を修飾しているため、「好きではない」状態を強調していることになります。そのため、「私は、彼を本当に好きではない（嫌いだ）」という意味になります。

　このように、really は置かれる位置によって修飾するものが異

なり、結果として意味が大きく変わってくるのです。

## ● 副詞によって気持ちの度合いを表現しよう

ではここで、副詞の置かれる位置によって、意味が変わることを整理してみましょう。たとえば「映画が大好きだ」から「大嫌いだ」に至るまで、副詞の really や rather を使って、好きな度合い順に並べてみると、以下の表のようになります。

| 1 | I love movies. | 私は映画が大好きだ。 |
|---|---|---|
| 2 | I really like movies. | 私は本当に映画が好きだ。 |
| 3 | I like movies. | 私は映画が好きだ。 |
| 4 | I rather like movies. | 私はどちらかというと映画が好きだ。 |
| 5 | I don't really like movies. | 私はそんなに映画が好きではない。 |
| 6 | I don't like movies. | 私は映画が好きではない。 |
| 7 | I really don't like movies. | 私は本当に映画が好きではない。 |
| 8 | I hate movies. | 私は映画が大嫌いだ。 |

上の表のほかにも、really の代わりに truly や particularly を使って、

I truly like movies.　私は本当に映画が好きだ。
I don't particularly like movies.　私は特に映画が好きというわけではない。

という表現もできます。

このように、さまざまな副詞を使い、また副詞を置く位置を変え

ることによって、自分の気持ちを多様に、そして自在に表現することができるのです。

## ● 相手によって度合いを調節しよう

さて、お互いが同様に何かを好き、または嫌いな場合には、好きなこと嫌いなことを強調して話をしても盛り上がれますが、相手の好き嫌いが予想できない場合や、相手が何かを好きで自分が好きではない場合には、若干程度を弱めて話をした方が無難ですね。たとえば、「大嫌い」と言ってしまったあとで、相手がそれを好きだったと知った場合は、双方ともきまりの悪い思いをすることになります。

実際の会話例を考えてみましょう。あなたは「ニューヨークに行ったことがある」という話をしていて、相手からニューヨークについてどう思うか聞かれました。

> 相手：　How did you like New York?
> ニューヨークはどうでしたか？
>
> あなた：　I hate it. It's an awful city, always busy and crowded.
> 大嫌いです。いつもガザガサしていて混んでいて、ひどい街です。

このように答えたとしましょう。そしてもし、相手がニューヨーク在住またはニューヨークが大好きな人だったら、気分を害します。でも、次のように答えれば、ずいぶん控えめに、そして無難になりますね。

相手：　　How did you like New York?
　　　　　ニューヨークはどうでしたか？

あなた：　Well, to tell you the truth, I don't really
　　　　　like it. It's a bit too busy and crowded.
　　　　　そうですね、正直に言うと、そんなに好きではありません。
　　　　　少しガサガサしていて、混雑しすぎています。

　ここでは、「そうですね、正直に言うと」という前置きをしてから、「そんなに好きではない」と don't really の形を使ってやわらげていますね。さらに次の文でも a bit（少し）という緩和表現を入れています。これなら、そのあとの相手の反応を見て、会話を無難に、そして滑らかに続けていくことができるでしょう。

　このように、副詞をうまく使って、自分の気持ちや程度を自由に描写できるようになりましょう。

**練習問題** ⋯⋯⋯⋯⋯⋯⋯⋯⋯⋯⋯⋯⋯⋯⋯⋯⋯⋯⋯⋯⋯⋯⋯⋯⋯⋯ **54**
日本語訳を参考にして、英語にしてみましょう。

相手：　　Have you already visited the new shopping
　　　　　mall?
　　　　　新しいショッピング・モールにもう行った？

あなた：　Not yet. ＿＿＿＿＿＿＿＿＿＿＿＿＿＿＿＿＿＿
　　　　　まだです。実はそんなに買い物が好きではないのです。

⋯⋯⋯⋯⋯⋯⋯⋯⋯⋯⋯⋯⋯⋯⋯⋯⋯⋯⋯⋯⋯⋯⋯⋯⋯⋯⋯⋯⋯⋯⋯⋯⋯⋯⋯⋯⋯⋯

【解答例】
To tell the truth, I don't really like shopping.
（またはI don't like shopping so much.）

# 仮定法を使いこなす

この章の最後にご紹介するのは、仮定法です。仮定法というのは、
「もし〜できれば、〜なのですが」と、実際にはできないことを仮定し、
かなわない願望を表現する構文です。とても難しいイメージがあり
ますが、ネイティブ・スピーカーは、実に広範に、そして巧みにこ
の仮定法を使っています。相手からの誘いや提案を断る場合にもよ
く使われます。特に、I wish I could. などの定番表現は簡単に
使えますので、ぜひ活用してください。

## ● I'd love to と I wish I could を使いこなす

まず、本章5で取り上げた例をもう一度考えてみましょう。同僚
のクリスが仕事のあと食事に誘ってくれている例ですね。その際、
I'd love to. は、行きたいけれど実際には行けない場合も、本当に
行こうとしている場合にも、両方に使うことができると説明しまし
た。この表現は、I would love to を縮約した形で、would は仮
定法というよりも婉曲（遠まわしな表現・丁寧な表現）と考えられ
るため、どちらの場合にも使えます。

両方の場合を考えてみましょう。ひとつめは、こうなります。

クリス： We're going out tonight. Would you like
to join us?
今晩食事に行くんだけど、一緒に来ませんか？

あなた： I'd love to. What time are you going to
leave?
ぜひ。何時にここを出る予定ですか？

　ここでは、I'd love to に続く、「何時にここを出る予定ですか？」
という表現から、本当に行こうとしている場合だとわかります。
　もうひとつの場合はどうでしょうか。

あなた： I'd love to. But I'm afraid I cannot finish
my work. Maybe next time.
ぜひ行きたいのですが、残念ながら仕事を終えられそうにあ
りません。次回はぜひ。

　ここでは、行けない理由があとに続いているので、「行きたいけ
れども行けない」という状況だとわかります。この場合の I'd love
to. と同じ意味を表すのが、I wish I could. です。上の例は、次
のように言うこともできます。

あなた： I wish I could. But I'm afraid I cannot
finish my work. Maybe next time.

　I wish は「〜ならばいいのだけれど」という仮定法の表現で、

そのあとの節に過去形をもってきて、現在かなわないことを表します。この場合はcouldが来ているので、「できればいいんだけど、できない」という意味です。とても残念そうな気持ちが伝わってきます。また、Maybe next time. という表現にも注意してください。相手の誘いを断るときには、ぜひこういうひと言を付け加えたいですね。

### ● 願望や残念な気持ちを自在に伝える

次の例は、初めて日本にやってきたマシューに、もし時間があれば自分の家に来ませんか、と誘っているところです。

> あなた： If you like, why don't you come to my house and have dinner together?
> もしよければ、私の家に来てご飯でも一緒にいかがですか？
>
> マシュー： What a pity! I have another appointment this evening and am leaving tomorrow. If I had a few more days, I would definitely accept your invitation.
> なんて残念なことでしょう。今晩は別の約束があり、明日ここを発つのです。あと2、3日あれば、絶対にお伺いするのですが。

ここで、マシューはまず What a pity! と感情を示す表現を使い、次に行けない理由を述べて、さらに「あと2、3日あれば、絶対にお伺いするのですが」と仮定法を使っています。この例のように、仮定法で現在の事実に反することを述べる場合は、

$$\text{If} + \text{主語} + \boxed{\text{動詞の過去形}},$$
$$\text{主語} + \boxed{\text{would (could, might, should)}} + \boxed{\text{動詞の原形}}$$

という形をとります。

　仮定法を使わないで表現すると、たとえば、こうなります。

> マシュー： I'm sorry I can't visit you since I have
> another appointment this evening and
> am leaving tomorrow.
>
> 残念ながら伺えないのです、というのも今晩は別の約束が
> あり、明日ここを発つからです。

　どうでしょうか？　この表現は叙述的（事実をただ述べている感じ）になりますね。仮定法を使った表現の方が圧倒的に残念な気持ちが伝わってきます。

　それでは、過去の事実に反することを述べる場合はどう表現すればいいのでしょうか？　たとえば、マシューが帰国してからメールをくれた場合には、たぶんこのようなメールが来るでしょう。

> It's very kind of you to have invited me to
> your house. If I had had a few more days, I
> would have definitely accepted your invitation.
>
> あなたの家に招待してくれて、本当にありがとうございました。あと2、
> 3日あったなら、絶対に伺っていたのですが。

このように、「あと2、3日あったなら、絶対に伺っていたのですが」と過去の事実に反することを述べる場合は、次のような構文になります。

If ＋ 主語 ＋ $\boxed{\text{had ＋ 過去分詞}}$ ,
主語 ＋ $\boxed{\text{would (could, might, should)}}$ ＋ $\boxed{\text{have ＋ 過去分詞}}$

このように、仮定法が使いこなせるようになると、自分の願望や残念な気持ちを相手に自在に伝えることができますね。ぜひマスターしましょう。

**練習問題** ................................................ **56**

同僚のAさんから次のように誘いを受けました。でも、あなたはあまり気乗りがしません。どのように断りますか？ 仮定法を使って表現してみましょう。理由を付け加えることも忘れないでください。

同僚A：　We're having a home party on Saturday.
　　　　　Would you like to join us?
　　　　　土曜日に家でパーティーをするんだけど、来ませんか？

あなた：　_____

　　　　　_____

................................................................

【解答例】

I wish I could. But unfortunately I have another appointment. Maybe next time.

# 英語のポライトネス

　英語には、丁寧な表現がまったくないと思っている人もいるようですが、それはたいへんな間違いです。日本語の尊敬語や謙譲語のような敬語はないにしても、相手の立場に合わせた丁寧な表現や、相手の気持ちに配慮して表現を和らげる緩和表現は数多く存在します。丁寧表現だけでなく、相手の感情にも配慮し、人間関係を円滑に進めるための表現を総称して、この本では「ポライトネス」と呼んでいます。（英語圏の）ポライトネスには大きな法則がありますので、ここではその基本をご紹介しておきましょう。

　ポライトネスは、1) ポジティブ・ポライトネスと2) ネガティブ・ポライトネスという2種類に大別されていて、それぞれ以下のような人間の基本的な欲求に基づいていると考えられています。

　1) 自分の欲求が社会のほかのメンバーにとっても、価値の
　　 あるものであること
　2) 自分の行為や権利が他者によって妨げられないこと

　まず、1) をわかりやすく説明すると、自分の意見や考え方を他の人にも認められたいという欲求です。そのため、相手の意見に賛成する場合や相手をほめる場合は、それを強調しますが、相手の意見に反対する場合は、何らかの緩和表現を用いて、その度合いを軽減するように配慮します。反対意見を述べる際に、I cannot totally agree with you. などと表現を和らげるのはそのためです。

　このポジティブ・ポライトネスは、また、相手との親密度を増すためのポライトネスとして紹介されることも多いのですが、これは特に前者の場合（相手の意見に賛成する場合や相手をほめる場合）を指しているのですね。日本はあまり、ほめるということをしない文化なので、この辺りのポライトネスはぜひ身につけたいものです。英語圏では、食事に招かれた際にも大いに料理をほめ、You should open your own restaurant! などと言ったりするくらいです。

　一方、2) は、何かを依頼するときなどに顕著に見られるポライトネスです。通常、だれかに何かを依頼するとき、われわれは命令形を使ったりはしませんよね。「もしできれば」という表現や、「〜してもらえますか？」という疑問形を用います。これは、相手の行為や権利を侵害しないように、強制ではなく、相手に選択肢を持たせる形なのです。このポライトネスには、さまざまな丁寧度の度合いがあるのですが、通常、相手にかける負担度、相手の社会的地位、相手との関係などによって、丁寧度を調節します。

　たとえば、「約束の時間を変更してほしい」という場合も、友人に頼む場合と、先生や仕事上の取引先の方にお願いする場合は、同じ頼み方をしませんよね。このポライトネスはかなり複雑なのですが、比較的万能と思われる表現も本章4で説明しています。

<参考文献>

Brown, P. & Levinson, S. C. (1987). *Politeness*. Cambridge: Cambridge University Press.

# 第5章

# ビジネス場面の実例で鍛えよう！

　　これまで、第1章では、聞き手の立場で、積極的に会話を発展させる方略を、第2章では、話し手としての問題を乗り越える方略を、第3章では、共有知識の少ない対話者にわかりやすく伝える方略を、そして第4章では、対話者の気持ちに配慮した会話をするための方略をご紹介しました。最後の第5章では、それぞれの章で学んだことを、少し長めの会話文にして、より実践的な形でご紹介します。ビジネス場面での実例にしてみました。

# 1　アクティブ・リスナーの実例

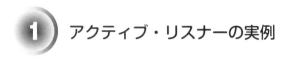

　第1章では、聞き手として、さまざまな形であいづちや賛同のサインを示し、会話を発展させていくことをご紹介しました。ここではスモールトークを取り上げてみましょう。

　スモールトークとは、自己紹介のあとなどに続く軽い会話のことですが、うまくジョークなどを入れて、スモールトークをこなし、相手に印象づけることができるかどうかは非常に重要です。

　こういうときに、第1章で学んだ方略が生かされます。

　次の例を見てください。東京のアメリカ系企業に勤める山口さんが、本社から日本に赴任してきたスティーブンと、自己紹介のあと、スモールトークをしている例です。

▶ 会話例：スモールトーク

Yamaguchi:　So, how was your flight?

Stephen:　　It was very smooth.

Yamaguchi:　**That's great.** <u>Did you enjoy the meals?</u>

Stephen:　　Yes, very much. But I couldn't sleep
　　　　　　well.

Yamaguchi:　**Oh, you must be very tired.** That's
　　　　　　always a problem with long flights.

Stephen: **It is.** Actually, I couldn't sleep well yesterday, either.

Yamaguchi: **That's too bad.** <u>Have you tried some exercise?</u>

Stephen: No, actually, I haven't. That sounds like a good idea.

Yamaguchi: I think so. Try it.


山口： フライトはいかがでしたか？

スティーブン： はい、スムーズなフライトでした。

山口： **それはよかったですね。**<u>お食事はどうでした？</u>

スティーブン： おいしかったです。でも、あまり眠れませんでした。

山口： **じゃ、お疲れでしょうね。**長時間フライトの問題点はそれですね。

スティーブン： **本当にそうです。**実は、昨日もよく眠れなかったのです。

山口： **それはいけませんね。**<u>ちょっとした運動などしてみましたか？</u>

スティーブン： いえ、それはいいかもしれませんね。

山口： 効果があると思います。試してみてください。


　この例で山口さんは、第1章の3、4、5でご紹介した方略を使用しながら（太字部分）、相手の話にうまくあいづちを打って会話を引き取っています。さらに続けて Did you enjoy the meals?

や Have you tried some exercise? （下線部）など、積極的に質問することによって話題を提供し、むしろ会話をリードしていっています。このように、聞き手の立場であっても、積極的に会話に絡んでいくことができるのです。

　ところで、スモールトークには適切な話題と、避けた方がいい話題があります。適切な話題としては、上記の例のようなフライトの話や滞在先のホテルの話、また旅行者相手の場合は、食事や旅行の話も楽しく展開していけると思います。反対に、スモールトークには政治や宗教の話は避けた方がいいですね。また、日本ではよく年齢の話を話題に出しますが、これも避けた方が無難です。

## ② 英語が出てこない場合の実例

　第2章では、言いたい単語がわからなかった場合や、うまく文章が作れなかったときに、どのようにそれを言い換えて相手に伝えるかを考えました。

　次の例では、山口さんとスティーブンが、休暇明けに会話しているところです。山口さんは、旅先で「金環日食」という珍しい現象を見たと言いたかったのですが、「金環日食」という語がわかりません。一体どのように伝えるのでしょうか？

▶ 会話例：「金環日食」の英語は？

| | |
|---|---|
| Stephen: | How was your vacation? Did you go somewhere? |
| Yamaguchi: | Yes, we went to a tropical island. |
| Stephen: | Oh, that sounds great. Did you enjoy it? |
| Yamaguchi: | Very much. **We saw something special, too.** <u>Uhm, what do you call, uhm, you know, the moon covers the sun?</u> |
| Stephen: | Oh, an eclipse. A solar eclipse. |
| Yamaguchi: | Yeah, that's it. It was a special one because it was ring shaped. |

| Stephen: | Oh, I know. It's called an annular eclipse. The moon covers the center of the sun and the sunlight makes a ring shape around the moon. |
| Yamaguchi: | Exactly. |

| スティーブン： | 休暇はどうでした？　どこかに行ったのですか？ |
| 山口： | はい、南の島に行きました。 |
| スティーブン： | それは、すばらしい。楽しんできましたか？ |
| 山口： | とっても。**それに、珍しいものを見たんです。**<u>ああ、何と言うんでしたっけ？　月が太陽を隠すあの…。</u> |
| スティーブン： | ああ、日食ですね。 |
| 山口： | そうです。特別な日食だったんですよ、だってリングの形をしてましたから。 |
| スティーブン： | ああ、金環日食のことですね。月が太陽の中心部分を隠して、太陽の光が月の周りにリングの形を作るんでしょう。 |
| 山口： | そのとおりです。 |

　第2章では、言いたいことばがわからないときに「上位語」という、そのことばを含むより大きなグループの名前をまず出して、それにwith＋句や、分詞や、関係代名詞によってあとから情報を付け加える方略をご紹介しました。

　その形に沿って考えると、「日食」は「月が太陽を覆い隠す天文学的な現象」となるわけですが、「現象」（phenomenon）も「天

文学的な」（astronomical）も難しい単語ですね。そもそもその部分でつまづいてしまうかもしれません。

　会話ではお互いが協力しながら会話を協働構築しているので、そういう場合は、この例のように、what do you call, uhm, you know, the moon covers the sun? と、what do you call? で、「ある表現を尋ねている」というシグナルをまず出し、上位語を抜かして説明部分だけを出しても、十分に意味は通じます。

　この例では、その前に We saw something special, too.（特別なものも見たんですよ）と前もって情報を出して共有の基盤を築いているので、対話者には「これからそのことについての説明がある」と伝わります。

　このように、相手との共有基盤をいつも意識して、そこから積み上げていくようにすれば、会話はスムーズに進んでいきます。相手の言語力や背景知識も有効に利用していくことができるのです。

**相手にわかりやすく伝える場合の実例**

🎧59

第3章では、相手にわかりやすく伝えるために、相手との共有知識をどのようにすり合わせるか、またどのように枠組みを作って相手に伝えればわかりやすいかなどをご紹介しました。

以下はビジネス場面での応用編です。アメリカ本社から出張してきたブラウンさんと山口さんが日本市場の課題について話しています。

▶ 会話例：日本市場の課題

Yamaguchi : **Have you heard of our printer business?**

Our competitor, X Company, has been dominant in the market.

Brown : **Yes, to some extent. X Company has been especially strong for corporate use.  But, I don't know why.**

Yamaguchi : <u>From a marketing point of view</u>, there are <u>two primary reasons</u>.

<u>First of all</u>, X has enjoyed a strong position in their computer market,

and they\* utilized the network for
printer business. <u>Second</u>, since X
is a Japanese company, they have
precisely grasped the preferences of
Japanese consumers and developed
their products based on the data.

Brown: I see.

山口： **われわれの（日本市場での）プリンタービジネスについて
聞いていらっしゃいますか？ 競合のX社がこの市場では
圧倒的に強いのです。**

ブラウン： **ある程度は。X社は企業向けが強いと聞いています。でも、
なぜなんですか？**

山口： <u>マーケティングの観点からは、2つの基本的な理由</u>があり
ます。<u>まず何より</u>、X社はコンピュータ市場で強い立場を
確立しており、そのネットワークをプリンタービジネスに
も利用したということです。<u>次に</u>、X社は日本企業である
ため、日本人顧客の好みというのを正確に把握していて、
そのデータに基づいて商品開発をしている点ですね。

ブラウン： なるほど。

　＊ X社として扱う場合は単数ですが、その後でtheyやtheirと受けて
　　いるのは、X社に勤める人々を複数で考えているためです。

　この例では、山口さんがまず、Have you heard of our printer
business?（われわれのプリンタービジネスについて聞いていらっしゃいま

すか？）と相手の背景知識について質問しています。そして次のブラウンさんの Yes, to some extent. X Company has been especially strong for corporate use. But, I don't know why.（ある程度は。X社は企業向けが強いと聞いています。でも、なぜなんですか？）という回答を受けて、ブラウン氏が「X社が企業向けは強い」というざっくりとした情報は知っていても、それ以上の詳細は知らないのだと、お互いの共有知識を確認しています。そして、その後その理由について詳しく述べていますね。

　この理由の部分でも、まず始めに、From a marketing point of view（マーケティングの観点からは）と、最初に自分の語る立場を明確にしています。これは同時に、さまざまな理由のうち、マーケティングという枠組みに絞って答えているとも考えられます。次に two primary reasons「2つの基本的な理由がある」と、これから語る部分の構成を明確に示し、First of all, Second「まず1つ目は」「2つ目は」と談話標識をうまく使って、談話の構成をわかりやすく示しています（コラム③参照）。

　このように難しい質問に答える場合や、長い話をしなければいけない場合は、第3章で学んだ方略を生かして、うまく枠組みを作り、相手にわかりやすい構成をしながら話を進めていくことが極めて重要です。もちろん、相手との共有知識のチェックや、相手の理解度のチェックも随所に入れていきましょう。

**相手の気持ちに配慮した場合の実例**

🎧60

　第4章では相手の感情に配慮したコミュニケーションのしかたを考えました。

　ここでは、特に相手の意見に賛成する場合に、賛成の度合いをどのように調節していくか、また反対する場合には、反対をいかに緩和するか、ビジネス場面での例を取り上げてみましょう。

　以下の例では、マーケティング部アシスタントの候補者の面接を終えて、誰を採用するのか話し合っている社内会議です。まず、マーケティング・マネジャーのスティーブンが出席者の意見を募ります。

▶ 会話例：採用についての社内会議

Stephen: OK, so we've just interviewed the three candidates for our marketing assistant. Which candidate should we hire? Any ideas?

Yamaguchi: I recommend Ms. Kawase as she is very active and has many new ideas for our market.

Okada: <u>I'm afraid I cannot agree with Mr. Yamaguchi.</u> It's better for us to have

an experienced candidate. Mr.
Yamamoto is the best candidate. He
already has five-year's experience in
marketing and has a lot of expertise.

Suzuki: <u>Yeah, I agree with Ms. Okada on this
point</u>.

スティーブン： さて、3名のマーケティング・アシスタントの候補者
面接を終わりましたが、どの候補者を採用しましょう
か。皆さんの意見はどうですか？

山口： 川瀬さんがいいと思います。彼女はとても前向きで、
いろんな新しい意見をもっていますからね。

岡田： <u>残念ながら、山口さんの意見には同意できません</u>。経
験のある候補者の方がいいのではないでしょうか？
山本さんが一番の候補者ですよね。彼はすでに5年
のマーケティングの経験がありますし、専門知識もた
くさん持っています。

鈴木： <u>そうですね。私は、その点においては岡田さんに賛成
です</u>。

　相手の意見に賛成・反対する場合は、コラム④でも述べている
ように、何らかの緩和表現を使用し、ポライトネスに配慮する必要
があります。これは、人間には自分の意見や主張を他人に認めてほ
しいという欲求があり、相手のこの欲求に相反する行為を行う場合
（たとえば、反対意見を述べる場合など）には、何らかの方略が必

要になるということです。ビジネスの場合には、ビジネスの成否が最優先事項とは言え、相手の感情まで思いやった表現ができるようになれば、さらにいいですね。

この例では、岡田さんが反対意見を述べる前に、まず I'm afraid という緩和表現を用い、その次に来る I cannot agree（賛成できません）という表現を和らげています。反対に賛成意見を述べる場合は、I totally agree with you. などのように強調することができます。

agree を使用する表現は、agree with 人または意見、agree on（賛成する）点と使われることが多いですね。この例の鈴木さんのように、on this point（その点においては）と表現した場合には、このあと柔軟に話を展開することができます。たとえば、

Experience and expertise are both important assets.
経験と専門知識は、貴重な強みですよね。

と、賛成をより強調する発言にもつなげていけますし、また、

Experience and expertise are both important assets. But, this time we need a staff member who has a lot of potential rather than current job performance. In this perspective, Ms. Kawase may be a better candidate.
経験と専門知識は、貴重な強みですよね。しかし今回は、現時点での仕事の出来栄えというより、今後の潜在能力の高い人を必要としています。この点においては、川瀬さんの方がいいかもしれません。

と続けることも可能です。

　この場合は、一旦、「その点においては賛成です」と相手の意見を認めてから反対意見に移行しているので、相手の感情や面子を思いやった表現だと言えます。こういう表現を自在に使いこなして、さらにコミュニケーション上手になりましょう！

【著者略歴】

藤尾美佐（ふじお　みさ）

京都府立大学文学部卒業後、ジョンソン・エンド・ジョンソンなど
の米国系企業で、バイリンガル・セクレタリーとして秘書業務や通
訳業務に従事。その後、東京大学大学院（総合文化研究科言語情報
科学専攻）で英語教育、異文化コミュニケーションを研究。同大学
院、修士課程・博士課程修了。博士（学術）。東京富士大学教授を
経て、現在、東洋大学（経営学部）教授。また、東京大学、青山
学院大学にても、非常勤講師として教鞭をとる。NHKラジオ講座
『英語ものしり倶楽部』（「大人のためのグラマー講座」2009〜
11年）講師、執筆・講演など多方面に活躍中。

主な著書に、*Communication Strategies in Action*（Seibido）、
*Discourse Perspectives on Organizational Communication*（共著：
Fairleigh Dickinson University Press）、『外国語教育学研究のフ
ロンティア』（共著：成美堂）、『国際ビジネスコミュニケーショ
ン』（共著：丸善出版）、『20ステップで学ぶ日本人だからこそで
きる英語プレゼンテーション』（DHC出版）などがある。

● 音声ダウンロード・ストリーミング

1. PC・スマートフォンで本書の音声ページにアクセスします。
https://www.sanshusha.co.jp/np/onsei/isbn/9784384059977/

2. シリアルコード「05997」を入力。

3. 音声ダウンロード・ストリーミングをご利用いただけます。

音声DL付 新装版

# ネイティブも驚く英会話のコツ
## あなたの実力を引き出す28のコミュニケーション方略

2021年 6 月30日　第 1 刷発行

著　者　　藤尾美佐
発行者　　前田俊秀
発行所　　株式会社 三修社
　　　　　〒150-0001東京都渋谷区神宮前2-2-22
　　　　　TEL 03-3405-4511　　FAX 03-3405-4522
　　　　　https://www.sanshusha.co.jp
　　　　　振替口座00190-9-72758
　　　　　編集担当 三井るり子
印刷製本　壮光舎印刷株式会社

©Misa Fujio 2021 Printed in Japan
ISBN978-4-384-05997-7 C2082

音声録音・制作：ELEC／高速録音株式会社
編集：澤井啓允